Los Niños en el Ministerio Celular

Los Niños en el Ministerio Celular

Discipulando a la Futura Generación, ¡Ya!

Joel Comiskey, Ph.D.

www.joelcomiskeygroup.com

Copyright © 2016 por Joel Comiskey
Publicado por CCS Publishing
23890 Brittlebush Circle
Moreno Valley, CA 92557 USA
1-888-511-9995

Todos los derechos reservados en todo el mundo. Ninguna parte de esta publicación puede ser duplicada o transmitida en forma alguna o por medio alguno, electrónico o mecánico, incluyendo fotocopias, grabaciones o cualquier otro sistema de almacenamiento de información, sin el permiso por escrito de CCS Publishing.

Diseño por Jason Klanderud
Editado por Scott Boren
Traducido por Evelyn de Guély

ISBN: 978-1-935789-84-0

Todas las citas bíblicas, a menos que se indique lo contrario, son de la Santa Biblia, Nueva Versión Internacional, Copyright © 1973, 1978, 1984 por Sociedades Bíblicas Internacional. Usados con permiso.

CCS Publishing es una parte del ministerio de Joel Comiskey Group, un ministerio dedicado a ofrecer recursos y asesoramiento a líderes e iglesias del movimiento celular mundial.
www.joelcomiskeygroup.com

Para mi madre Phyllis Comiskey,
quien me ha inspirado, animado y
formado desde mi niñez hasta este día

Elogios

"El llamado de Joel Comiskey para dar prioridad a los niños dentro de la comunidad cristiana hace eco en la pasión del mismo Jesús, llamado que no puede ser ignorado. Él ofrece fundamentos bíblicos, paradigmas prácticos y ejemplos actuales de lo que sucede cuando una iglesia se toma en serio a sus niños. Al mismo tiempo que ve a la familia como el primer y mejor escenario para que los niños crezcan en madurez espiritual, reconoce que esto sucede de mejor manera en una cultura en la que la iglesia apoya a los padres y proporciona los recursos de la comunidad para equipar a los niños. Aunque está escrito en el contexto de la iglesia celular, su mensaje es para cada iglesia. Es difícil dejar la lectura de este libro sin hacernos preguntas sobre nosotros mismos. Los temas nos llaman a la oración y a buscar la dirección del Padre".
—**Dra. Lorna Jenkins,** *pionera de los niños en el ministerio celular, autora prolífica*

"Dios nos ha dado un regalo especial al Cuerpo contemporáneo de Cristo ungiendo a Joel Comiskey para escribir este libro. Él revela cómo formar células con y para los preciosos niños. Es el volumen pionero que explica de forma exhaustiva la teología y práctica de grupos celulares infantiles. Está lleno de ejemplos de cómo las iglesias celulares los han formado exitosamente en diferentes culturas. Se explica detenidamente la manera cómo lanzarlos".
—**Dr. Ralph W. Neighbour, Jr.,** *autor, profesor y fundador de iglesias*

"Existe un gran mover de Dios entre los niños de hoy. Miles de niños están siendo salvos a través de grupos pequeños infantiles. Alabo a Dios por este libro, ya que demuestra este hecho a través de los testimonios y las historias reales documentadas de diversas iglesias que entendieron que pueden formar a los niños en miles de discípulos de Jesús, cuando comienzan este trabajo en su infancia. Este libro es una invitación para los padres, los pastores y los líderes, a conocer y participar en este movimiento de Dios".
—**Pastora Marcia Silva,** *fundadora y líder del ministerio infantil en la Iglesia la Vid (the Vine Church), Goiânia, Brasil.*

"El Dr. Comiskey destaca como investigador. Tienes en este libro, una visión completa de lo que se está haciendo en las iglesias celulares en todo el mundo, en este segmento tan importante en la vida de la iglesia. Los niños son la iglesia de hoy. Cada pastor, líder y padre de familia, debe leerlo y aprender sobre una variedad de ministerios infantiles en diferentes iglesias celulares a través de esta maravillosa investigación. El mundo celular ha sido verdaderamente bendecido e enriquecido por medio de esta obra maestra. Léelo, medita en su contenido, inspírate y déjate impactar y ser transformado".
—**Robert Lay,** *fundador y presidente de Igreja en Celulas, www.celulas .com.br*

"En un momento como este, no podemos descuidar una generación que el enemigo está tratando de destruir. Debe ser nuestra oportunidad, reto y principal preocupación prepararlos 'para un tiempo como este'. Oro por que este libro no sea sólo leído— sino que sus frutos sean vistos en la vida de los niños con los que los lectores entren en contacto".
—**Daphne Kirk,** *autora y fundadora de generación en generación, www. daphnekirk.org*

Contenido

Elogios   7
Reconocimientos   15
Introducción   17
   Travesía Personal   19
   Pioneros   20
   La Edad de un Niño   23
   Discipulando a la Futura Generación, ¡Ya!   24
Capítulo 1: Priorizando el Futuro   27
   Los Niños en los Tiempos del Nuevo Testamento   28
   Jesús y los Niños   32
   El Niño Hebreo   33
   Pasando la Batuta   36
Capítulo 2: Una Nueva Visión para los Niños   39
   La Actitud Correcta   40
   La Estrategia Correcta   41
   Involucramiento   43
   Preparación   44
   Movilización   45
   Piensa en los Niños   46

Capítulo 3: Estructura Simple para la Visión   **47**

    Haciendo Discípulos en la Reunión Más Grande   50

    Enseñando   50

    Adoración   53

    Lanzamiento de la Visión   54

    Evangelismo   55

    Discipulando en la Célula   56

    ¿Qué es una Célula?   57

    Más que Información   58

Capítulo 4: Grupos Celulares Intergeneracionales   **61**

    ¿Qué es un Grupo Intergeneracional?   62

    Conectando las Generaciones   64

    Juntos y Separados   67

    Los Beneficios de las Células Intergeneracionales   69

    Dios lo Hará   70

**Capítulo 5: Elementos Básicos
Sobre Las Células Intergeneracionales**   **73**

    Estar en Acuerdo   74

    Ejemplo de Acuerdo de Grupo   75

    Bienvenida   77

    Ejemplos de Rompehielos   78

    Adoración   79

    Palabra   80

    Testificar   81

    Volver a Unirse   81

    Iglesia York Alliance   83

Valora los cambios	83
Una Manera de Vida	85
Enfocándose en el Corazón	85
Flexibilidad	86
Centro Cristiano Little Falls	87
Robert Lay y los grupos Intergeneracionales	91
La Primera Iglesia Bautista en Campo Grande, Brasil	94
Estructuras Creativas	96
Capítulo 6: Grupos Celulares Sólo para Niños	**99**
Grupos Sólo para Niños vs. Grupos Intergeneracionales	100
Iglesia Elim San Salvador	103
Rescatando a los Niños	104
Evangelismo y Edificación	106
Ejemplo de una Lección de Célula Infantil de Iglesia Elim	107
Preparación para Liderazgo	109
Células Sólo para Niños en la Primera Iglesia Bautista de Campo Grande	110
Iglesia Misión Cristiana para el Mundo en Barquisimeto, Venezuela	113
Iglesia la Vid	115
Crecimiento de las Células de Niños	115
Niños Radicales	116
Líderes de Células Femeninas	117
Entrenando Redes	118
ómo se ve una Célula Sólo para Niños	119

Equipando a los Líderes de Células Sólo para Niños 120
Niños Dominicales 121
Cambiando Viejos Paradigmas 122
La Vid en Cusco, Perú 122
La Vid en Inglaterra 125
Trabajadores de la Cosecha 126

Capítulo 7: Equipando a los Niños **129**
Equipamiento de Discipulado para Niños 131
Equipamiento de Daphne Kirk 132
Equipando en la Primera Iglesia
   Bautista Campo Grande 134
Equipamiento de Joel Comiskey 135
Equipamiento de Lorna Jenkin 137
Equipamiento de la Iglesia la Vid 142
Principios Clave Cuando se Equipa a Niños 143
Contar Historias 143
Acción 146
Espiritualidad 150
Se R.E.A.L. 152

Capítulo 8: Equipando a los Padres **155**
Nunca lo Hemos Hecho de Esta Manera Antes 156
La Barrera "Olvidando El Futuro" 157
La Barrera de la Fe 157
La Barrera del Involucramiento 158
La Barrera de la Ocupación 159
Cambiando las Actitudes 160

Orando	160
Llevando la Carga	161
Hablando sobre la Visón	162
Ejemplificando	163
Equipando el Círculo Familiar	164
El Modelaje No Planificado Formó a los Niños	166
Ministerio Recíproco	169
Equipando en las Disciplinas Espirituales	171
Comenzando con el Matrimonio	173
Toma el Siguiente Paso	175
Capítulo 9: Cultivando la Visión	**177**
Paso 1: Articula la Visión	178
Paso 2: Prepara a los Padres y a la Iglesia	179
Paso 3: Comprende el Proceso del Cambio	181
Paso 4: Comienza con un Grupo Piloto	183
Paso 5: Ajusta y Perfecciona	186
No esperes	187
Capítulo 10: Errores de la Visión	**189**
No Darle Prioridad a la Condición Espiritual del Niño	190
No Tomar en Serio el Proceso de Discipulado	192
No visualizar a los Niños como Participantes Completos del Reino de Dios	193
No Valorar sus Necesidades Emocionales	194
No Equipar a los que Trabajan con Niños	196
No Obtener la Protección Legal Apropiada	197
Reportando el Abuso	198

Nunca a Solas con un Menor	199
Chequeos de Antecedentes	199
Que No te Paralice el Miedo	200
No Orar	201
Capítulo 11: Enfoque en la Visión	**205**
Déjalos Venir	206
Déjalos Dirigir	207
Déjalos Multiplicar	208
Apéndice 1: El Material de Lorna Jenkins	**211**
Apéndice 2: Encuentros Para Niños	**215**
Notas Finales	**219**
Índice	**237**

Reconocimientos

Estoy muy agradecido con aquellos que han hecho de este libro algo significativamente mejor.

Scott Boren, mi editor principal, me ayudó a entender el panorama general. Tomó el primer borrador y sabiamente me guió para reorganizar el material. Sugirió nuevos capítulos y me ayudó a reorganizar el contenido. Su experiencia me guió durante todo el proceso, y estoy agradecido por su ayuda.

Anne White se tomó un mes para copiar y editar completamente el libro. Ella tiene un ojo experto para los detalles y encontró muchas inconsistencias en mi gramática. También de manera reflexiva me señaló argumentos débiles, por lo que estoy muy agradecido por su fiel ayuda.

La especialidad de Jay Stanwood es la de desenredar frases complicadas sugiriendo soluciones sencillas y directas. Una vez más, con gracia ofreció sugerencias sobre cómo hacer que mis oraciones fueran más comprensibles. Le agradezco su ayuda voluntaria.

Bill Joukhadar tiene una habilidad especial para encontrar errores que nadie más nota. Estoy muy agradecido por su ojo de águila y sacrificio de tiempo invertido en este libro.

Rae y Charmaine Holt, me dieron consejos sucintos sobre todo el panorama, relativos a varios aspectos de este manuscrito. Su profundo conocimiento de la iglesia celular y del ministerio pastoral les ayudó a sugerir algunos cambios importantes. También señalaron sabiamente errores a lo largo del manuscrito.

John y Mary Reith tienen un don para dar ánimo. Vieron el manuscrito y me dieron gentilmente ánimo. Es todo un gozo leer sus comentarios.

Patricia Barrett señaló errores específicos e hizo sugerencias importantes. Estoy agradecido por su ayuda.

Introducción

En el 2002, un niño de cinco años de edad llamado Carlos llegó al grupo celular de la casa de Marisol, una de los cientos de reuniones de grupos celulares de niños en los vecindarios a lo largo y ancho de San Salvador, El Salvador. A pesar de que era sólo un niño, Carlos era rebelde, perturba a los otros niños, y creaba el caos en el grupo. Marisol fue paciente y continuó invitando a Carlos al grupo, corrigiendo gentilmente sus problemas de disciplina.

Los otros niños le dijeron a Marisol que no invitara a Carlos porque su familia estaba involucrada en el crimen. Los padres de los otros niños también le advirtieron que, si Carlos continuaba asistiendo al grupo, ellos no les permitirían a sus hijos ir a la célula.

Marisol sintió que la conducta de Carlos era producto de su deseo de llamar la atención, por lo que decidió visitar a la familia de Carlos para saber lo que estaba sucediendo. Cuando llegó a la casa de Carlos, se enteró de que su padre lo había abandonado y que él había crecido con su madre, quien ahora se encontraba en la cárcel por robo. Carlos ahora vivía solo con su hermano mayor y otro niño de doce años de edad, quien era parte de una pandilla violenta. Marisol también se dio cuenta que Carlos tenía dos tíos que habían muerto en medio de la violencia de pandillas. Los vecinos dijeron que la familia de Carlos estaba bajo una maldición.

Marisol decidió apoyar a Carlos y continuó invitándolo a la célula. Algunos padres dejaron de enviar a sus hijos, queriendo evitar su exposición a él. Marisol continuó orando y ministrándolo, advirtiéndole a Carlos a no seguir el ejemplo de sus hermanos, sino a seguir a Jesús y la Biblia. Carlos finalmente recibió a Jesús como su salvador.

Poco a poco Cristo comenzó a cambiar a Carlos y mientras Marisol observaba esos cambios, le fue permitiendo dirigir partes de la reunión. A medida que él fue asumiendo más responsabilidad, su comportamiento cambió aún más. Mientras transcurrían los años, Carlos creció en la fe y su carácter se hizo más como el de Cristo. Con el tiempo, se comenzó a reunir en una célula juvenil y fue bautizado en agua. Carlos ahora tiene dieciocho años de edad, ama a Jesús, respeta a los demás, y se ha graduado de bachillerato, algo que ningún otro miembro de la familia jamás había logrado. Actualmente planea estudiar educación física en la Universidad de El Salvador con el objetivo de convertirse en un maestro de educación física.

Los niños como Carlos, están siendo transformados alrededor de El Salvador a través del ministerio celular de niños de iglesia Elim. Mario Vega, el pastor general de la iglesia, dijo: "Si los niños no son nuestro enfoque en el presente, la iglesia no tiene futuro".[1] La meta de Elim es preparar a más personas como Carlos y cambiar la cultura de El Salvador en el proceso.

Los libros y seminarios abundan en la dinámica de grupos pequeños, en la multiplicación, la supervisión, la plantación de iglesias, y muchos otros temas sobre células. Sin embargo, el enfoque generalmente se centra en el ministerio de adultos y la discusión sobre niños es dejada a un lado—o no se discute en absoluto. Los niños son la mayoría silenciosa que no pueden defenderse, y a menudo son pasados por alto porque no son una fuente de ingresos o de liderazgo inmediato de la iglesia.

Esto tiene que cambiar.

Cuando he realizado seminarios al rededor del mundo, he hablado sobre todo acerca de cómo las células se aplican a los adultos. Me hacen unas dos preguntas acerca de los niños en el ministerio celular, pero esto no ha sido mi enfoque principal.

He necesitado cambiar.

Al leer este libro, espero que va a vislumbrar un nuevo lugar, un nuevo papel para el ministerio de niños, y que usted será capaz de decir: "Mi iglesia tiene que cambiar. Tenemos que dar prioridad a los niños."

TRAVESÍA PERSONAL

He estado escribiendo sobre temas de la iglesia celular desde 1998, haciendo seminarios en todo el mundo sobre el ministerio celular, y entrenando a pastores. Inevitablemente, los pastores y los líderes quieren saber qué hacer con los niños. Yo normalmente los dirijo a los escritos de Daphne Kirk, Lorna Jenkins, o hacia una iglesia eficaz que ha sobresalido en el ministerio celular de los niños. Escribir este libro, sin embargo, me ha ayudado a sustraer de otras fuentes y a escarbar profundo las bases de este importante tema.

Mi propia experiencia personal con grupos celulares de niños comenzó en Ecuador en 1998. Fue durante ese año que mi iglesia hizo la transición para convertirse en una iglesia celular, e implementó ambos grupos celulares intergeneracionales (niños participando en la célula de adultos, pero teniendo su propio tiempo para su lección) y grupos celulares sólo para niños (grupos celulares de niños dirigidos por adultos que se reúnen aparte de la célula adulta normal).

La iglesia contrató a un director de educación cristiana, quien se convirtió en el supervisor o entrenador de los líderes de las células de niños. Ella preparaba el material para los grupos celulares de niños que se reunían en diferentes hogares a lo largo de todo Quito, Ecuador. La misma directora de Educación Cristiana estaba a cargo de la preparación de los voluntarios que ministrarían a los niños durante la reunión de celebración del domingo.

En el 2003, planté una iglesia en California que comenzó con sólo un grupo celular. Mis hijos estaban íntimamente involucrados en nuestro grupo de células intergeneracionales, permaneciendo en la célula adulta para el rompehielos y para el tiempo de adoración y luego yéndose a otra habitación para su propia lección bíblica. Mi esposa les enseñaba a nuestros hijos cómo dirigir la lección y después ambos los entrenábamos. Los tres de mis hijos con el tiempo dirigieron grupos de niños, y dos de ellos también dirigieron células juveniles mientras la iglesia crecía. Vi de primera mano que involucrar a mis hijos a una edad temprana los preparó para el posterior liderazgo y ministerio.

Mi experiencia personal me ha abierto los ojos a la importancia de este tema y me envió en un camino de repensar sobre los grupos celulares, la iglesia y el lugar de los niños en el Reino de Dios. Por la gracia de Dios tenemos pioneros que han abierto un camino para nosotros que debemos seguir y nos han proporcionado inspiración para el contenido de este libro.

PIONEROS

Lorna Jenkins fue una de las primeras pioneras del ministerio celular de niños. En 1995, escribió un manual, *Feed My Lambs* (*Apacienta mis Ovejas*), y luego en 1999, escribió su libro clásico, *Shouting in the Temple* (Dando Voces en el Templo), el cual detalla cómo las células infantiles se convirtieron en una parte vital de la Iglesia Bautista Comunidad de Fe, por sus siglas en inglés (FCBC), en Singapur. También desarrolló una gran cantidad de material sobre el equipamiento, el cual destacaré en un capítulo más adelante. Lorna Jenkins trabajó en estrecha colaboración con Ralph Neighbour y Laurence Khong para colocar a los niños en el corazón de la transición celular de la Iglesia Bautista Comunidad de Fe. Ella se destacó por conectar la enseñanza de los niños el domingo con el material del grupo celular en la casa, el cual ella proporcionaba a cada grupo celular. Ella perfeccionó el grupo celular intergeneracional (grupo IG), durante el cual los niños estaban mezclados con sus padres durante el rompehielos celular y el tiempo de adoración, y luego se retiraban a otra habitación de la casa para recibir su propia lección. Los adultos en el grupo celular se rotaban para enseñar a los niños. En el proceso de perfeccionamiento de estos grupos intergeneracionales, Jenkins se convirtió en una experta en el tema, y recomiendo mucho su material.

Otro nombre sinónimo con la palabra *niños* en el ministerio celular es Daphne Kirk. Ella ha dedicado su vida a la preparación de la generación emergente y a conectar las generaciones para ministrarse entre sí. Ella fue una innovadora temprana en el movimiento de la iglesia celular, viajando extensamente con Ralph Neighbour y Bill Beckham en la década de 1990. Ella continúa viajando a un ritmo exigente, enseñando a las iglesias acerca de la importancia de conectar las generaciones y de asegurarse que los niños no sean descuidados en el ministerio de la iglesia celular. Dos de sus muchos libros, *Heirs Together* and *Reconnecting the Generations* (*Herederos Juntos y Reconectando las Generaciones*), son una lectura obligada para quienes tengan la intención de incluir a los niños en el ministerio de la iglesia celular. Ella también ha desarrollado material de equipamiento para niños, del cual hablaremos en el capítulo siete de este libro.

La Iglesia Alianza York (YAC) en York, Pennsylvania es un brillante ejemplo de la inclusión exitosa de niños de una iglesia, en el ministerio celular. Poco después que la Iglesia Alianza York hiciera la transición al ministerio de la iglesia celular en 1999, comenzaron a hacer hincapié en los grupos celulares intergeneracionales, en los cuales participaban juntos los niños, los jóvenes, y los adultos. La visita de Daphne Kirk a la iglesia en el 2002 ayudó a transformar la forma en la que esta iglesia iba tras el ministerio de los grupos celulares intergeneracionales. Después de quince años, estos grupos intergeneracionales son ahora una forma de vida en la Iglesia Alianza York. Las personas nuevas que entran en la iglesia suponen que esta es la manera normal de hacer iglesia. Muchos de los líderes actuales en esta iglesia asistieron a la iglesia desde que eran niños. Ahora tienen veinte grupos celulares intergeneracionales activos reuniéndose en los hogares por toda la zona.

La Iglesia la Vid (The Vine Church) en Brasil ha estado desarrollando activamente a los niños en grupos celulares en los hogares desde 1999. Ellos ahora tienen 10,000 grupos celulares de niños con unos 100,000 niños participando. Los grupos celulares infantiles en los hogares son muy participativos, dinámicos y educativos. Esta iglesia considera a los niños como individuos que necesitan ser discipulados, sabiendo que estos pronto serán adultos. Cuando el niño llega a la edad de trece años se convierten en parte de una célula juvenil, y más tarde, en participante de una célula para adultos. Testimonios abundan de los niños que nacieron de nuevo en un grupo celular para niños, discipulados en el proceso, y que ahora están siendo preparados para ser pastores y plantadores de iglesias.

La Iglesia Elim en San Salvador también es un gran ejemplo del ministerio celular de niños. Dios está desarrollando a la próxima generación a través de las células infantiles en San Salvador, una ciudad desafiante que tiene una de las tasas más altas de homicidios en el mundo. Elim al transformar a los niños, está haciendo una contribución positiva en un país en el que la violencia de pandillas se traduce en miles de muertes cada año. El Pastor Vega cree que el alto índice de participación en pandillas (unos 30.000 miembros de pandillas) se debe a que los jóvenes se sienten marginados y no involucrados en la sociedad en general.

Elim ahora tiene cerca de 28.000 niños que asisten a sus grupos celulares. Su meta es llegar a 100,000 (el 10% de la población de la ciudad) y para hacer esto una realidad, ellos están invirtiendo cada vez más recursos en el ministerio para niños. La transformación de los niños y la sociedad es la visión bajo la cual Elim desarrolla las células infantiles. El objetivo final de Elim es ver a su país transformado por el Evangelio de Jesucristo, comenzando por las vidas transformadas de los niños.[2]

LA EDAD DE UN NIÑO

En este libro, me voy a referir a un niño como alguien de doce años de edad o menos. A veces voy a distinguir entre bebés (0-2 años), niños pequeños (3-5 años) y niños mayores (6-12 años), pero en la mayoría de veces sólo utilizaré la palabra *niño* o *niños* para describir a una persona de las edades de 0 a 12 años de edad. En este libro, no voy a discutir sobre los jóvenes o las células juveniles (de 13 años de edad en adelante).

Reconozco que la definición de un niño está vinculada culturalmente, dependiendo de cuándo una sociedad cree que un niño es capaz de asumir la responsabilidad de sus acciones (por ejemplo, el matrimonio, votación, etc.) y que la definición ha cambiado con el tiempo.

DISCIPULANDO A LA FUTURA GENERACIÓN, ¡YA!

El principal objetivo de este libro es el de promover y explicar cómo priorizar y preparar a los niños, tanto en el grupo pequeño como en el grande—para hacer discípulos que hagan otros discípulos. Mi objetivo es ayudar a las iglesias a discipular a sus niños y prepararlos ya para un futuro centrado en Cristo. Voy a destacar aquellas iglesias que captan la importancia de poner en marcha el proceso de discipulado con los niños y explicaré cómo estas iglesias están asegurando un futuro brillante pues algunos de esos mismos niños llenarán futuros roles de liderazgo en la iglesia.

Esas iglesias celulares que preparan a los niños para el futuro han hecho cambios críticos de valores. Los líderes creen que Dios ha puesto una alta prioridad en los niños y que esta prioridad se puede ver en las Escrituras. En el primer capítulo, por lo tanto, voy a explicar la base bíblica para el ministerio de niños y en el segundo capítulo voy a explorar la necesidad de repensar nuestras estrategias basadas en estas verdades bíblicas. El Capítulo tres habla acerca de discipular a niños tanto en grupos grandes como en pequeños.

Dos capítulos explicarán cómo los grupos celulares intergeneracionales le permiten a los niños y adultos trabajar en armonía en el proceso de discipulado. Tengo un capítulo sobre grupos celulares sólo para niños, en los que los niños se reúnen a parte de una célula para adultos.

También voy a cubrir el tema sobre cómo las iglesias celulares equipan a los niños y a los padres. Tengo un capítulo sobre cómo hacer una transición paso a paso hacia el ministerio celular para niños. Por último, voy a destacar los errores más comunes en el ministerio para niños y la forma de evitarlos.

Jesús les dijo a sus discípulos,

> "¿Quién es el más importante en el reino de los cielos? Él llamó a un niño y lo puso en medio de ellos. Entonces dijo: Les aseguro que a menos que ustedes cambien y se vuelvan como niños, no entrarán en el reino de los cielos. Por tanto, el que se humilla como este niño será el más grande en el reino de los cielos". (Mateo 18: 1-4).

¿Qué significa para la Iglesia de hoy tomar este versículo en serio? Ésta es una pregunta que ha modelado a las iglesias que se destacan en este libro y a su intento por practicar esta verdad en la vida y ministerio.

Capítulo 1

Priorizando el Futuro

Mi cuñado Jeff, me contó emocionado sobre el proceso de preparación de su futuro pastorado. Actualmente, él está sirviendo como pastor asociado, pero el plan es que reemplace al pastor principal en un par de años. De hecho, el pastor principal continuaría sirviendo como parte de la congregación después que Jeff se convirtiera en pastor. La iglesia ya ha desarrollado un equipo de predicadores y el pastor principal ha ido lentamente cediendo su ministerio.

Uno de los recursos clave para la transición del liderazgo de la iglesia fue el libro *Siguiente: Sucesión Pastoral Efectiva,* por William Vanderbloemen y Warren Bird. Este libro resalta transiciones exitosas de un pastor a otro y cómo evitar errores comunes. Vanderbloemen y Bird le recuerdan a la iglesia que la verdadera sucesión es pasar la batuta a la siguiente generación, en lugar de dejar abruptamente a la iglesia sin un futuro líder o no dejarla cuando es momento de un reemplazo.

La historia de la sucesión y el desarrollo de un futuro liderazgo es tan antigua como la Biblia misma. Moisés preparó a Josué antes de morir y Elías nombró a Eliseo antes de su partida en el carro de fuego. En el Nuevo Testamento Jesús dejó a la Iglesia en las manos de los discípulos y ellos siguieron este patrón en la Iglesia primitiva. La Biblia tiene mucho que decir sobre la preparación de la próxima generación.

Cuando pensamos en pasar la batuta a la próxima generación, usualmente no comenzamos lo suficientemente pronto. La premisa de este libro, en realidad, es que necesitamos comenzar el proceso de desarrollo de liderazgo con niños, no esperar hasta que se conviertan en adultos. En otras palabras, hacer discípulos que hacen discípulos no es sólo para los adultos. Pero para llegar a este nivel de pensamiento, necesitamos ser motivados por Dios mismo y por los principios y enseñanzas que Él ha establecido en su Palabra. Y la Palabra de Dios tiene mucho que decir sobre los niños.

Nuestra teología moldea nuestra actitud y nuestra actitud moldea nuestra estrategia. Encontrar la estrategia adecuada para niños debe comenzar con la Palabra de Dios, la base de nuestras vidas y ministerio. No es suficiente saber qué hacer. Necesitamos saber por qué hacemos lo que hacemos. Comenzar con niños en el proceso de discipulado—en lugar de esperar a que los niños se conviertan en adultos—tiene profundas raíces bíblicas.

LOS NIÑOS EN LOS TIEMPOS DEL NUEVO TESTAMENTO

Imagínate a ti mismo como uno de los cientos de niños de las iglesias en las casas que se desarrollaron en la Iglesia del primer siglo, no mucho después de la resurrección de Cristo. Tus padres abrían su hogar e incluso dirigían la iglesia en la casa. A ti te encantaban las comidas en compañía de invitados y la remembranza de la muerte y resurrección de Jesucristo. Aún recuerdas esas cálidas emociones que experimentaste cuando escuchabas sobre Jesús resucitado y cómo un día vivirías con Él por siempre. Te reunías con los adultos durante el canto de los

Salmos, durante la comida, pero también te reunías con otros niños en el patio para aprender sobre la Palabra de Dios, jugar y cantar cantos. Notaste que los sirvientes de la casa participaban activamente y adoraban a Jesús, así como tus padres y los otros adultos. Incluso te acuerdas del día en que por primera vez oraste y sentiste su presencia en tu vida. Jesús, en verdad, se ha convertido en un amigo personal y tú hablas con Él todos los días. Tus padres te animaban constantemente a seguir a Jesús en tus actitudes y acciones. Estás agradecido que tus padres abriesen su hogar y te involucrasen en la fe cristiana a tan temprana edad.

El apóstol Pablo menciona niños en sus cartas porque eran una parte íntima de todo lo que se llevaba a cabo en esas reuniones de la iglesia primitiva. Muchos de los niños mencionados en las cartas de Pablo probablemente eran niños esclavos (algunos no tenían conocimiento o contacto alguno con sus padres biológicos), y muchos de los esclavos adultos sin duda tenían hijos.[3] Ya que la iglesia primitiva era una red de iglesias en las casas, las cuales en ocasiones se reunían en celebraciones más grandes, los niños estaban presentes en las reuniones en las casas, así como en las reuniones más grandes. Osiek, MacDonald y Tulloch escriben:

> El hecho que los niños no fuesen meramente testigos casuales en las reuniones de la iglesia primitiva, pero que se esperase que fuesen escuchas activos a las enseñanzas de los primeros cristianos se ve claramente cuando los códigos familiares en el Nuevo Testamento (Col. 3:20; Ef. 6:1) están dirigidos a ellos (junto con otros grupos familiares) (Col.3:20; Ef. 6:1).[4]

En los tiempos del Nuevo Testamento las familias extensas vivían en la misma casa, siendo los residentes el padre, la madre, los hijos y probablemente uno o más hijos casados con sus propias esposas e hijos. Los trabajadores y esclavos muchas veces eran parte de la misma familia. Ya que la Iglesia primitiva estaba organizada alrededor de esta familia extensa, surgió la necesidad de una enseñanza específica sobre cómo comportarse como la nueva, transformada familia de Dios. En sus cartas a las iglesias en las casas en Colosas y Éfeso, Pablo incluye instrucciones (muchas veces llamadas códigos familiares) sobre cómo deberían comportarse las iglesias en las casas orientadas a la familia. Pablo instruye a los niños a obedecer a su padre y madre.

Padres, madres e hijos son exhortados a cuidarse unos a otros y a cumplir sus roles dentro de la familia. John Barclay escribe: "El código familiar asume la solidaridad de una familia cristiana y proyecta una imagen del hogar como el contexto en el que al discipulado cristiano se le da expresión práctica."[5] Pablo dio sus instrucciones a:

- Esposos y esposas (Ef. 5:22-33; Col. 3:18-19)
- Padres e hijos (Ef. 6:1-4; Col. 3:20-21)
- Amos y esclavos (Ef. 6:5-9; Col. 3:22-4:1)

Algunos niños terminaron en la orfandad o vieron a sus padres ser encarcelados por su fe. Ellos deben haber quedado bajo el cuidado inmediato de la comunidad cristiana. Para algunos niños la influencia de su familia era crucial, incluso si uno de los padres no era creyente como en el caso de Timoteo. En el mundo Romano, el rol de la maternidad era muchas veces compartido por varias personas, incluyendo nodrizas, cuidadoras y padres sustitos de distintos tipos. Osiek, MacDonald y Tulloch escriben,

> Debió haber muchos casos en los que los niños (en especial de bajos estratos) terminaban, por todos los

propósitos prácticos, bajo el cuidado de otros, siendo así adoptados; estos niños huérfanos pudiesen haber sido alimentados regularmente, aseados en ocasiones y llevados a la cama por distintas personas. Si a esto añadimos la gran posibilidad que rescatar a niños abandonados hubiese sido entendido como un acto de caridad cristiana… terminamos con la probabilidad que viudas muchas veces cuidaran a niños que no eran de ellas. Por lo tanto, las descripciones de grupos de la iglesia primitiva del segundo siglo acogiendo a niños andrajosos y a los esclavos y mujeres con ellos no eran tan inusual—en especial si uno observa a los "huérfanos y la viuda" desde la perspectiva de una persona independiente.[6]

Pablo dio sus instrucciones en plural para aclarar que las guías no están solamente dirigidas al amo, a la esposa, a los hijos y a los sirvientes en una casa, sino a todos los miembros de todos los hogares y de todas las iglesias en las casas—a todos en la Iglesia entera como un todo en ese lugar.

Los niños veían la fe de sus padres no sólo en el hogar, pero también en la comunidad local de las iglesias en las casas. Por lo tanto, la fe del creyente era del mismo modo unida con el comportamiento de los niños. Un líder necesitaba vivir la vida cristiana, pero también debía transmitir eficazmente esa fe a su descendencia para equiparlos para que ellos guiaran efectivamente a otros (1 Timoteo 3:4-5). Los niños aprendían de primera mano a través de la experiencia y la participación. No sólo se les enseñaban ideas, sino que también percibían cómo sus padres y otros miembros de las iglesias en las casas vivían por la fe cristiana.

Los niños eran testigos de poderosas oraciones y milagros. Estaban conscientes de la bondad de Dios a través de personas como Dorcas, pero también vieron el juicio de Dios en

Ananías y Safira (Hechos 5). Estaban presentes cuando las iglesias en las casas de la Iglesia primitiva compartían las comidas y veían a creyentes conmemorar la muerte del Señor (1 Cor. 11). Experimentaban estas cosas de primera mano y sus vidas eran moldeadas y formadas por los que veían y escuchaban.

JESÚS Y LOS NIÑOS

Aquellos lo suficientemente afortunados como para haber crecido en un hogar cristiano o haber sido llevados a una iglesia cristiana probablemente han visto múltiples dibujos de Jesús con un niño en brazos. Usualmente, Jesús está sonriendo y el niño está reposando seguro en su cuello o en sus hombros. Dependiendo del país, Jesús tiene piel blanca o morena, cabello rubio u oscuro y ojos azules o marrones.

Cómo lucía Jesús en realidad es debatible, pero podemos estar seguros que pasaba mucho tiempo con los niños y que dio largas enseñanzas sobre la cercanía de un niño al corazón del Padre. Incluso les dijo a sus discípulos que los niños eran el mejor ejemplo de humildad y que sus cualidades de niño eran la señal de vivir de acurdo al reino de los cielos. Jesús enseñó que Dios reveló la verdad a los niños, la cual está oculta a los ojos de los eruditos y sofisticados (Mateo 11:25). Jesús incluso puso a un niño en medio de los discípulos y les enseñó sobre la humildad y la verdadera grandeza (Mt. 18:11-5; Mr. 9:33-37; Lc. 9:46-48).

En el punto más ocupado de su ministerio, Jesús felizmente recibía a niños y se molestó cuando sus discípulos trataron de excluirlos. Sus discípulos asumieron que Jesús no quería estar con niños. Estaban equivocados. Jesús se deleitaba con los niños y siempre les daba atención y bendiciones especiales (Mt. 19:13-15; Mr. 10:13-16; Lc. 18:15-17). Las Escrituras dicen:

Empezaron a llevarle niños a Jesús para que los tocara, pero los discípulos reprendían a quienes los llevaban. Cuando Jesús se dio cuenta, se indignó y les dijo: "Dejen que los niños vengan a mí, y no se lo impidan, porque el reino de Dios es de quienes son como ellos. Les aseguro que el que no reciba el reino de Dios como un niño, de ninguna manera entrará en él." Y después de abrazarlos, los bendecía poniendo las manos sobre ellos. (Mr. 10:13-16).

Jesús se identificaba tanto con los niños que acoger a un niño en su nombre era lo mismo que acogerlo a Él personalmente. Aun así, aquellos que hiciesen que un niño se alejara de Dios se enfrentarían a la ira de Dios. Los discípulos se mantenían obsesionados con su propia grandeza, y Jesús, conociendo sus pensamientos, llevó un pequeño niño ante ellos diciendo: "El que recibe en mi nombre a este niño, me recibe a mí; y el que me recibe a mí, recibe al que me envió. El que es más insignificante entre todos ustedes, ése es el más importante" (Lucas 9:47-48). Jesús dijo a sus discípulos que la verdadera grandeza era hacerse como niño.

EL NIÑO HEBREO

En el Antiguo Testamento, los niños eran un regalo de Dios y eran parte de una comunidad más grande. Estaban conectados a los padres, abuelos y primos—eran parte de una familia extensa. Desde temprana edad, el joven niño hebreo estaba involucrado en las oraciones diarias y semanales de su familia. Observaba la preparación y el cumplimiento del Sabbat. Era testigo de los patrones sacrificiales de su familia, y habría entendido que el pecado conlleva la pena de muerte. Podemos ver que estas familias extensas priorizaban pasar la fe a la siguiente generación.

La familia hebrea no era una unidad aislada. Era parte de una comunidad más grande, la tribu, la que era a su vez parte de una unidad aún más grande, el pueblo escogido de Dios. La red de la comunidad se extendía desde el niño hasta la nación en general. Los niños eran educados principalmente por sus padres quienes eran responsables de la instrucción en la ley, de modelar un matrimonio piadoso y también de enseñarles un oficio.

En el libro de Deuteronomio, Moisés instruye al pueblo de Dios a recordar la ley y dice "Átalas a tus manos como un signo; llévalas en tu frente como una marca; escríbelas en los postes de tu casa y en los portones de tus ciudades" (Dt. 6:8-9). Cuando los padres judíos oraban, ellos ataban versículos clave de la Ley a su mano izquierda y a su frente, lo cual era una forma de proveer símbolos concretos a los niños sobre la importancia de la Palabra de Dios.

Aun así, esto era sólo el comienzo. Para verdaderamente entender los caminos de Dios, los niños debían ver los mandamientos siendo puestos en práctica. Una y otra vez, Moisés les recuerda a los israelitas que deben cumplir, hacer y guardar los decretos de Dios (Dt. 6:1, 2, 3, 17, 18). Vivir bajo la verdad de Dios en obediencia haría a los niños diferentes de los no judíos a su alrededor.

Moisés retó al pueblo de Dios a pasar su fe a la siguiente generación. Les dice que reciten las leyes de Dios a sus hijos y hablen de ellas cuando estén en casa, fuera de casa, al acostarse y al levantarse. Se llevaba a cabo en todo lugar y a toda hora. Estaba supuesta a fluir libremente, espontáneamente y a cualquier hora en todo lugar. De esta forma, Dios se volvió una parte integral en la vida de la familia. Los padres del niño, en otras palabras, vivían la fe abiertamente y contestaban las inquietudes a medida que éstas surgían.

Nótese que Moisés no dice: "Si tu hijo pregunta," sino "Cuando tu hijo te pregunte" (Dt. 6:20). Una vida de integridad que honre a Dios hace que los niños hagan preguntas, y cuando pregunten, los padres necesitan estar listos para escuchar y aprender. Los niños están instintivamente llenos de preguntas e inquietudes. Añoran saber sobre la vida y debemos estar listos a responder sus preguntas a medida que éstas surjan.

Los niños comprenden la verdad a través de historias. El pueblo de Dios estaba supuesto a recitar historias milagrosas de la liberación de Dios y a asegurarse que fuesen una parte integral en la vida de los niños. Es la historia de lo que Dios ha hecho en la vida de los judíos—su esclavitud y liberación. En este formato de historias, los niños descubren a su Dios poderoso y fiel. Moisés instruye al pueblo a cómo responderles a sus hijos: "Le responderás: "En Egipto nosotros éramos esclavos del faraón, pero el Señor nos sacó de allá con gran despliegue de fuerza" (Dt. 6:20-21).

Mientras que los padres tienen un rol significativo en la formación espiritual de sus hijos, Dios no pretende que un hombre y una mujer sean completamente responsables por la formación espiritual de sus hijos. El plan de Dios, como se ve en Deuteronomio 6, es que la comunidad de fe apoye a la familia y que juntos se aseguren que el niño reciba cuidado. Es mejor cuando los niños ven a muchos adultos viviendo en amor y obediencia a Dios. Pueden hacer preguntas sobre personas a quienes admiran y escuchar historias de Dios obrando. No es sólo la labor de los padres de criar y preparar a los niños. El pueblo de Dios está llamado a participar en el desarrollo de la siguiente generación.

El plan de Dios para los israelitas es el mismo para nosotros hoy. Cunado contamos historias sobre Dios a nuestros hijos, hablamos de ellas en el contexto de nuestra vida diaria y les recordamos a nuestros hijos de la fidelidad de Dios, ellos recordarán, obedecerán y serán los próximos. Enseñarles la fe a los niños fortalece también la fe de los adultos. Nos volvemos más fuertes mientras pensamos en nuestros hijos y nos percatamos que fueron creados a la imagen de Dios y son importantes para en Padre Celestial.

PASANDO LA BATUTA

En una carrera de relevos, tan pronto el corredor recibe la batuta, él la cambia a la otra mano para estar listo a dársela al siguiente corredor. De la misma forma, en la carrera de la vida, debemos tomar el traspaso de la batuta seriamente. Aquellos que pasan la batuta a la siguiente generación ven el potencial en los niños ahora mismo.

Un niño de siete años no parecía tener mucho potencial debido a su Trastorno por Déficit de Atención (TDA). Un día su maestra dijo: "Ese niño nunca llegará a nada." Pero un par de años después, el niño estaba en una piscina pública en Baltimore y un hombre llamado Bob estaba también en la piscina. Bob vio al niño nadar y se acercó a sus padres diciendo: "Creo que su hijo tiene potencial. ¿Les molesta si trabajo con él y vemos si podemos sacar algo de ese potencial de él?" Ellos dijeron: "Puede hacerlo, pero es un niño difícil de enseñar." Bob asumió el desafío. El nombre del niño era Michael Phelps, el competidor olímpico más condecorado en la historia. Hoy conocemos su nombre porque un hombre llamado Bob Bowman reconoció su potencial en bruto.

Priorizar el futuro significa alistarse para la siguiente generación preparando a los niños ahora para futuros logros. La base bíblica para los niños debería de llevarnos a ver el potencial en los niños ahora mismo. Dios priorizó a los niños y deberíamos hacer lo mismo. Así como las iglesias en las casas del Nuevo Testamento se reunían y trabajaban en redes juntos, la célula proporciona un ambiente similar y una forma excelente para preparar a niños. La iglesia celular de hoy imita el ambiente de las iglesias en las casas, así como las reuniones de aquellas iglesias en las casas de domingo por la mañana.

El ministerio basado en células en una gran forma de acoger y preparar niños tanto en las reuniones de grupos grandes como las de grupos pequeños. Es una estrategia basada en la Biblia (Hechos 2:42-46; 1 Cor. 14:26) para discipular a niños a cualquier temprana edad y continuar el proceso durante la adolescencia, juventud y adultez.

Hay muchos niños ahora que pueden cambiar el curso de la historia en nuestras ciudades, países y naciones. Dios quiere darnos una nueva visión para hacer discípulos de niños ahora y poder equiparlos para formar el futuro.

Capítulo 2

Una Nueva Visión para los Niños

Una de las historias más radicales en la Biblia es sobre Noé construyendo el arca a los 480 años y continuando la construcción frente a la apatía y ridiculización.[7] La Biblia nos dice que mientras Noé construía el arca, la gente vivía y se comportaba como si nada fuese a pasar. De hecho, creían que estaba loco. Las Escrituras nos dicen que las personas "comían, bebían y se casaban y daban en casamiento, hasta el día en que Noé entró en el arca" (Mt. 24:38).

Aun así, Noé tenía una visión con las dimensiones de Dios que controlaba todo lo que hacía. Era una visión del futuro que lo obligaba a seguir adelante, a rechazar las burlas de aquellos que creían que debía llevar una vida más productiva y secular, y a persistir en la construcción del arca hasta terminarla. El escritor de Hebreos dice: "Por la fe Noé, advertido sobre cosas que aún no se veían, con temor reverente construyó un arca para salvar a su familia. Por esa fe condenó al mundo y llegó a ser heredero de la justicia que viene por la fe" (Heb. 11:7).

Noé es un gran ejemplo de aquellos que priorizan el ministerio de los niños ya mismo. Su ejemplo es una lección de mantener los ojos en el futuro mientras se vive en el presente y luego prepararse de manera práctica para lo que ha de venir.

LA ACTITUD CORRECTA

Los pastores e iglesias ejemplificados en este libro entendieron que hacer discípulos de niños, gastar dinero en su equipamiento y movilizar a los adultos para ayudar en el proceso, aseguraría a la iglesia una mayor oportunidad de tener una fuerte base de liderazgo en el futuro. Como Noé, ellos se prepararon para el futuro.

Aun así, cada uno de estos pastores puede testificar que mantener un enfoque tan intenso no es fácil. Los obstáculos e impedimentos abundan. Después de todo, los adultos son capaces de recibir enseñanza didáctica, de entender las implicaciones de esa enseñanza y luego asumir el liderazgo actual en la iglesia, ya sea que esto signifique liderar un grupo celular, entrenar a otros líderes, equipar a otros en el discipulado o incluso plantar una iglesia. Los adultos pueden servir como ancianos en la iglesia y contribuir con el resultado final hoy mismo.

Ya que los niños no pueden ofrecer la misma contribución inmediata en la vida de la iglesia, muchas veces son descuidados o apartados de cualquier entrenamiento de liderazgo hasta que crecen, al menos hasta que llegan a la juventud. Aun así, este tipo de pensamiento está errado ya que es un pensamiento de corto plazo y a menudo impide que el niño se involucre en el ministerio de jóvenes.

Las iglesias resaltadas en este libro vieron más allá del momento actual y se prepararon para el futuro ya mismo. De algún modo, entendieron la fugacidad del tiempo y fueron capaces de proyectar que los niños de hoy podrían pronto ser los futuros líderes de la iglesia. también fueron enriquecidos en el proceso y cosecharon los beneficios de trabajar con niños. Mary VanderGoot escribe:

> Una vez que tomamos en serio el potencial de ayudar a los niños a desarrollar una riqueza emocional, también descubrimos que los niños pueden convertirse en nuestros maestros. Los niños pueden expresar de manera sencilla aquellas emociones que los adultos, ya que son más complejos, son menos capaces de manejar. Los niños, por su falta de experiencia, no tienen fijación alguna con hábitos enfermizos a diferencia de muchos adultos, y tampoco son astutos como los son los adultos en esconder sus verdaderos sentimientos y sustituirlos por otros.[8]

Mientras que hay muchos beneficios de trabajar con niños, también es trabajo duro. Los niños requieren que se les lleve a la iglesia, se les vaya a recoger, se les proteja y se les guíe. Ciertamente, no es fácil.

Sin embargo, algunos pastores e iglesias se comprometen a invertir en el futuro, así como se invierte dinero en el banco para jubilarse. Pero suele parecer más lógico gastar dinero en necesidades presentes. Aun así, aquellos que pueden prever una necesidad futura para jubilarse, sabiamente ahorran y cosechan los beneficios de dichos ahorros. Mientras que el pastor actual podría no ser el beneficiario, es el rol del pastor, maestro, apóstol, evangelista y profeta preparar al pueblo de Dios para obras de servicio para que el cuerpo de Cristo pueda ser edificado (Ef. 4:11-12).

LA ESTRATEGIA CORRECTA

El pastor Keison Carrillo no podía parar de hablar del ministerio de niños cuando lo conocí por primera vez en 2013 en

Barquisimeto, Venezuela. Hablaba emocionado sobre sus grupos celulares de los cuales la mitad eran células de niños. Sus instalaciones de aprendizaje dentro del recinto eran inmaculadas, llenas de obras de arte de primera. Conversé con el personal involucrado en el ministerio de niños y me impresionó su creatividad y compromiso. El Pastor Keison me comentó que todo comenzó cuando visitó Gales hacía unos cinco años atrás. Quería ver el lugar donde muchos de los grandes avivamientos se habían llevado a cabo a principios del siglo XX (1904-1905). Estos avivamientos mantuvieron a las iglesias en Gales llenas por los muchos años que siguieron. El avivamiento arrasó con el resto de Bretaña, Escandinavia, partes de Europa, Norteamérica, el campo misionero en la India y el Oriente, África y América Latina.

Para su asombro, sólo pudo encontrar las grandes y vacías iglesias, que una vez estuvieron llenas. Dios comenzó a comunicarle que a menos que preparase a los niños hoy, su propia iglesia sufriría la misma suerte. Regresó con un nuevo compromiso de priorizar a los niños y ponerlos en primer lugar en su ministerio. La iglesia de Keison, MCM (Misión Cristiana para el Mundo) tiene ahora unas 250 células de niños y 250 células de adultos. Sus recursos, liderazgo y visión están dirigidas al ministerio de niños. El Pastor Keison está convencido radicalmente que los niños deben ser formados como discípulos que hacen otros discípulos.

Claridad

Keison está convencido que los niños son el futuro ahora—no sólo en algún período de tiempo en el futuro cuando hayan crecido lo suficiente como para entender mejor. Keison y su equipo de liderazgo priorizan tiempo y recursos para moldear, formar y preparar a niños que practiquen la comisión de Cristo en Mateo 28:18-20 cuando Jesús dio su cargo a la Iglesia. Jesús dijo a los once:

Se me ha dado toda autoridad en el cielo y en la tierra. Por tanto, vayan y hagan discípulos de todas las naciones, bautizándolos en el nombre del Padre y del Hijo y del Espíritu Santo, enseñándoles a obedecer todo lo que les he mandado a ustedes. Y les aseguro que estaré con ustedes siempre, hasta el fin del mundo.

Aquí Jesús les habla a sus discípulos adultos, y les dice que hagan más grupos de discípulos, de la misma forma en que se reunían en grupo con Él, interactuaban con Él, participaban en sus enseñanzas y pasaban tiempo con Él. Los propios discípulos de Cristo siguieron su consejo y se reunían de casa en casa en grupos pequeños, así como Jesús les había enseñado (Lucas 9, Mateo 10). Así que, ¿el mandamiento de Cristo se aplica solamente a los adultos? No. Ya vimos que los niños eran una parte integral de las primeras iglesias en las casas y que Jesús apuntó el camino al priorizar a los niños en su propio ministerio. También reflexionamos en cómo el Antiguo Testamento incluía a la familia y a toda la comunidad de fe en la preparación de niños. El tema de hacer discípulos tiene una aplicación directa a los niños.

Aquellas iglesias que ven a sus niños como discípulos que necesitan ser llamados y equipados son las que están mejor preparadas para el futuro. Aquellas que ignoran a los niños o sólo los ven como receptores estáticos de conocimiento pagan el precio de la inactividad cuando los niños crecen.

INVOLUCRAMIENTO

Keison, como otros pastores efectivos trabajando con niños, sabe que los niños necesitan interactuar con la enseñanza, en vez de sólo escuchar. Los discípulos aprenden mejor cuando pueden interactuar con la enseñanza y aplicarla de forma práctica.

Jesús apuntó el camino con sus propios discípulos. Su enseñanza no era estática, sino interactiva, práctica y efectiva. Jesús involucró a sus discípulos e incluso les permitió que fallaran. ¿Por qué? Porque entendía que los errores son algunos de los mejores maestros.

Aquellas iglesias que discipulan a sus niños efectivamente también priorizan el involucramiento. Permiten que los niños se involucren en la célula y en el servicio, hagan preguntas y tomen turnos para cantar, orar y jugar.

Noté el mismo involucramiento en la iglesia de Keison en Barquisimeto. La Iglesia Misión Cristiana para el Mundo quería que, como alternativa, los niños enseñaran la lección del domingo, participaran en el grupo de adoración y prepararan su propio drama.

PREPARACIÓN

Las iglesias que, como la Iglesia Misión Cristiana para el Mundo, hacen discípulos de niños no sólo les ministran en la célula y en el servicio de celebración, sino que también tienen un equipamiento para niños cuidadosamente elaborado. Daphne Kirk, Lorna Jenkins y muchos otros han desarrollado equipamientos completos de discipulado para niños y un número de iglesias celulares han desarrollado equipamientos similares para niños (el capítulo 7 está dedicado a este tema).

En mi investigación sobre iglesias que discipulan a niños de forma efectiva, escuché historia tras historia sobre misiones, pastores y supervisores en la actualidad que se convirtieron de niños a través de la estructura celular y ahora sirven diligentemente al cuerpo de Cristo a tiempo completo. El equipamiento, en otras palabras, comenzó con el niño y continuó hasta el ministerio cristiano.

Las iglesias y los pastores efectivos preparan a los niños a través de un equipamiento bien definido ya que creen que los niños, así como los adultos, pueden oír a Dios, recibir de Él y ministrarles a otros. El equipamiento de discipulado da a los niños una gran ventaja a lo largo de sus vidas.

Las iglesias que discipulan a la futura generación ahora están constantemente pensando hacia adelante. Viven viendo hacia el futuro, sabiendo que los niños de ahora pronto estarán en sus años de adolescencia y rápidamente se graduarán hacia el ministerio de jóvenes. La preparación no está completa a menos que se gradúen a la siguiente etapa de su desarrollo en el ministerio de jóvenes y más allá. La Iglesia la Vid en Brasil, por ejemplo, tiene una ceremonia especial para aquellos que se gradúan del ministerio de niños a la edad de 13 años y pastorean cuidadosamente a los graduados hacia las células juveniles. Ya que los niños sólo conocen la atmósfera de la célula y el servicio de celebración, son como peces en el agua—es el único ambiente que han experimentado. Los niños están listos y ansiosos por conocer a sus compañeros y continuar el proceso de discipulado.

Algunas Iglesias, como la Primera Iglesia Bautista en Campo Grande, Brasil incluso permiten que los niños mayores—aquellos de once y doce años de edad—lideren grupos celulares de niños (un adulto siempre está presente). Esta iglesia bautista tiene los ojos puestos en el futuro y quiere dar a los niños una oportunidad lo más pronto posible para practicar lo que han aprendido al liderar a otros niños.

MOVILIZACIÓN

Las mejores iglesias celulares movilizan los recursos actuales para asegurarse que los niños sean efectivamente discipulados y preparados. La Iglesia Elim, por ejemplo, dedica más tiempo y energía en el equipamiento de aquellos de dieciséis años o más para liderar células de niños que lo que dedica a aquellos adultos que liderarán a otros adultos y a células juveniles. Más allá del equipamiento general de discipulado para todos los líderes celulares, cursos especializados extra se ofrecen a aquellos que liderarán los cientos de grupos celulares de niños a lo largo de San Salvador.

En su libro, *Dando Voces en el Templo,* Lorna Jenkins explica la transición hacia el ministerio de niños en la Iglesia Bautista Comunidad de Fe. La iglesia experimentó una transición de ministrar a los niños sólo en los domingos por la mañana a ministrarles los domingos y en las reuniones semanales de grupos celulares intergeneracionales en las casas. Sin embargo, para hacer esto, el pastor general tuvo que afirmar que esto era un mandato bíblico y era la futura dirección de la iglesia.[9] Siendo guiada por la visión y el compromiso del pastor, la Iglesia Bautista Comunidad de Fe creció para llegar a ser una iglesia de 10.000 personas y 500 grupos celulares, muchos de los cuales eran grupos intergeneracionales.

PIENSA EN LOS NIÑOS

Quizá tú tienes una iglesia que ha sido plantada, comenzando con un solo grupo celular. Aunque estés en las etapas iniciales, comienza tu iglesia con los niños en mente—involúcralos desde el principio. Si estás llevando a tu iglesia a una transición hacia el modelo celular, no sólo comiences con un grupo piloto de adultos. Planea el primer grupo piloto con los niños en mente. Permite que las primeras familias inviten a sus hijos, creando así una atmósfera similar a la de las primeras iglesias en las casas. Piensa en que los niños y el futuro brillarán y complacerán a Dios. Hacer discípulos de aquellos que serán la futura generación traerá abundantes recompensas rápidamente.

Capítulo 3

Estructura Simple para la Visión

El libro de Walter Isaacson, *Einstein: Su Vida y Universo*, habla sobre la búsqueda de Einstein de fórmulas sencillas y claras para entender el universo. Su famosa fórmula de masa y energía "$E=mc^2$" es sorprendentemente sencilla. A pesar que esta fórmula es aún muy compleja para mí, para aquellos dentro de la comunidad científica la ecuación de Einstein fue increíblemente directa y sencilla. Einstein tenía la manía de tomar verdades existentes y experimentos probados de otros científicos y luego combinar estos conceptos en un todo simple y unificado.

Cuando Jesús comenzó su ministerio, lo dejó claro y simple—hacer discípulos. Mientras que los líderes romanos y judíos no comprendían lo que Jesús intentaba hacer, Él tenía una fórmula y un plan claro para cambiar al mundo a través de hacer discípulos. Su mandato a su propio grupo de discípulos fue continuar el proceso de hacer discípulos por todo el mundo. Hicieron esto en pequeñas iglesias en las casas, las cuales se reunían y tenían servicios cuando fuera posible. Viajaron por todo el mundo conocido implementando procesos sencillos de discipulado. Ni la feroz persecución pudo acabar con ellos. Y la estrategia que Jesús promovía es la misma que impulsa a la Iglesia hoy.

El ministerio de la iglesia celular es sencillo, siguiendo el patrón de Jesucristo. Mucha gente complica el ministerio celular, pero éste sólo involucra cuatro elementos que están dirigidos a hacer discípulos:

- la célula
- el servicio de celebración
- equipamiento
- entrenamiento

Todas las iglesias celulares resaltan estos cuatro elementos básicos. Y estos cuatro elementos se aplican igualmente a los niños como a los adultos.

Como mi buena amiga Daphne Kirk suele decir y escribir: "Cual adultos, los niños." Ella dice: "Los niños tienen las mismas necesidades que los adultos en muchas áreas de sus vidas. La mayoría de problemas que se enfrentan son debido a que se espera que sus necesidades sean completamente distintas y los adultos luego sienten que no podrían lidiar con ninguna interacción significativa con ellos."[10]

El enfoque de este capítulo es las reuniones de los grupos grandes y pequeños—el servicio de celebración y la célula. Ambos elementos (o alas) son esenciales en el proceso de discipulado. Una iglesia con estos dos componentes está mejor equipada para hacer discípulos que hacen discípulos que una iglesia que enfatiza exclusivamente una sobre la otra. Hechos 2:46-47 dice: "No dejaban de reunirse en el templo ni un solo día. De casa en casa partían el pan y compartían la comida con alegría y generosidad, alabando a Dios y disfrutando de la estimación general del pueblo. Y cada día el Señor añadía al grupo los que iban siendo salvos."

En Jerusalén, la Iglesia primitiva se reunía en casas para participar en la cena del Señor y para tener comunión entre ellos, pero después esas mismas iglesias en las casas se reunían en el templo para escuchar predicar a los apóstoles. Aquí vemos tanto a las reuniones de las iglesias en las casas como a las iglesias en las casas que se reunían para escuchar las enseñanzas de los apóstoles. Los niños estaban presentes tanto en el grupo pequeño como en el grande. Ya sea que se reuniesen regularmente en un grupo grande o sólo por ocasiones, las iglesias en las casas del Nuevo Testamento estaban conectadas y esta conexión tiene implicaciones importantes para el discipulado.

¿Pero qué del equipamiento y el entrenamiento? He dedicado el capítulo siete para discutir el equipamiento de discipulado para niños ya que este elemento requiere un capítulo entero.

El entrenamiento es también muy importante ya que asegura que aquellos que están dirigiendo a los niños reciban cuidado, ánimo y preparación. Todas las iglesias celulares priorizan el entrenamiento de líderes y aquellos liderando niños no son la excepción.

Sin embargo, no he dedicado un capítulo al entrenamiento de líderes de grupos celulares en este libro. La razón es que no considero que los principios del entrenamiento sean lo suficientemente distintos para los líderes de grupos celulares infantiles que para los líderes de adultos. Cuando haya distinciones en el entrenamiento para los grupos celulares infantiles—como en la Iglesia la Vid y la Primera Iglesia Bautista de Campo Grande—mencionaré esos aspectos únicos del entrenamiento mientras escribo sobre la iglesia en particular. De otra forma, recomiendo los libros y artículos que ya he escrito en el tema del entrenamiento.[11]

HACIENDO DISCÍPULOS EN LA REUNIÓN MÁS GRANDE

Muchas iglesias no celulares hacen un excelente trabajo en ministrar a niños en reuniones grandes y las iglesias celulares pueden aprender mucho de ellas. Es común, por ejemplo, que las iglesias cristianas canalicen dinero, entrenamiento y preparación de personal hacia el ministerio de niños los domingos. De hecho, parte de la herencia del protestantismo es reunir a los niños durante el servicio de celebración para enseñarles y ministrarles. Las mejores iglesias celulares también enfatizan hacer discípulos en las reuniones grandes.

Los niños aprenden mejor cuando la enseñanza es dinámica y relevante. Lorna Jenkins escribe sobre el ministerio de niños los domingos:

> El servicio infantil refleja el servicio de los adultos, excepto que está más relacionado con los niños. Hay adoración rápida y alegre, adoración silenciosa y reflexiva, juegos, dramas, ejemplos prácticos y versículos de memoria. Todo esto está basado alrededor de una verdad central, la cual se presenta en la enseñanza bíblica.[12]

ENSEÑANDO

Una de las formas clave de discipular a niños es enseñarles la Palabra de Dios. Los niños, al igual que los adultos, necesitan la enseñanza de la Palabra inerrante de Dios. La exhortación de Pablo a Timoteo aplica a los niños:

> Predica la Palabra; persiste en hacerlo, sea o no sea oportuno; corrige, reprende y anima con mucha paciencia, sin dejar de enseñar. Porque llegará el tiempo en que no van a tolerar la sana doctrina, sino que, llevados

de sus propios deseos, se rodearán de maestros que les digan las novelerías que quieren oír. (2 Tim. 4:2-3).

Durante el tiempo normal de la predicación de adultos, los niños pueden también tener su tiempo para la Palabra. A menudo, los niños adorarán con los adultos y luego se retirarán del servicio de adultos para reunirse en grupos o todos juntos, dependiendo del tamaño de la iglesia.

Algunas iglesias celulares más grandes tienen una reunión de niños completamente por separado que incluye adoración, drama y una enseñanza general. Los niños, luego, son divididos por edad en grupos pequeños para estudiar la Palabra de Dios. Maestros entrenados instruyen a los niños. Aquellos que enseñan a niños deben usar todos los recursos posibles para educarlos y mantenerlos interesados, así como relatos graciosos, gráficos de franela, historias dinámicas, libros con canciones en letras grandes y cualquier cosa que sea visualmente atractiva.

A menudo, las iglesias celulares relacionan la enseñanza del domingo con el grupo celular que se lleva a cabo durante la semana. Algunas iglesias celulares más avanzadas—como la Vid—sincronizan todas las enseñanzas (predicación, el ministerio de niños los domingos y las células). La pastora Marcia, pastora del ministerio de niños en la Vid, escribe el material para los niños basado en el mensaje que su esposo Aluizio predica. El mismo tema bíblico es luego adecuado a la lección para células infantiles, así como para la de adultos, para ser usado en sus grupos celulares durante la semana.[13]

Lorna Jenkins escribe sobre su experiencia en la Iglesia Bautista Comunidad de Fe y dice:

> El pastor general les da a los líderes sus temas de la predicación y los pasajes bíblicos para los siguientes

tres meses. Uno de los del personal de niños divide estos temas en tópicos semanales y asigna un versículo a memorizar a cada uno. En otras oportunidades, la Pastora de niños da la verdad central, la cual debe ser enseñada durante el servicio de domingo. Luego, ella pasa estos bosquejos de mensajes a equipos de ayudantes voluntarios que preparan dramas, versículos a memorizar y ejemplos prácticos para cada domingo.[14]

Los buenos maestros involucran a los niños en las historias a través de preguntas interactivas. Así como con cualquier buena lección, la preparación hace la diferencia entre una lección seca y aburrida y una que tiene un impacto perdurable. El objetivo es que los niños regresen con un nuevo compromiso de servir a Jesús. Si tienes una iglesia que ha sido plantada, pueda que no tengas los recursos a los que las iglesias más grandes están acostumbradas. Aun así, el objetivo es el mismo: visualizar a los niños convirtiéndose en ministros del evangelio—discípulos que hacen discípulos—en vez de ser simples receptores de conocimiento.

Entendí por primera vez que Jesús estaba vivo cuando tenía diez años en una clase de quinto grado de escuela dominical. La iglesia a la que iba parecía estar más preocupada por los rituales, las oraciones, el arrodillarse, estar parados y otras posiciones. Todo parecía muy confuso a mi joven mente. Sin embargo, este maestro de escuela dominical enseñó claramente que Jesucristo estaba vivo y quería tener una relación personal con cada uno de nosotros. Nos desafió con la idea que podíamos hablar con Jesús aquí y ahora y que Jesús quería convertirse en un amigo personal para aquellos que claman a Él. No recibí a Jesús en ese momento, pero ciertamente fue una importante semilla en mi propia vida y una que sobresale hasta este día.

ADORACIÓN

La enseñanza de la Palabra de Dios y la adoración con otros creyentes van de la mano. Algunos llaman a la experiencia completa como "adoración." Aquí me estoy refiriendo a ayudar a los niños a aprender a entrar a la presencia de Dios, a moverse en el Espíritu de Dios, a aprender a orar y a escuchar la voz de Dios. Desde luego, una parte importante de esto es el reunirse con otros adultos y otros niños en grupos más grandes.

Mi propia iglesia, por ejemplo, incluye a los niños con los adultos en el servicio principal de adoración durante la alabanza. A menudo veo a los niños en esta reunión más grande danzando al lado de sus padres, balanceándose a su propio ritmo y quizá soñando con el día en que estarán al frente como parte del grupo de adoración. Me regocijo en su espontaneidad y libertad en Jesús mientras que los himnos de adoración suenan. Luego los niños van a su iglesia infantil donde tienen más adoración, así como una lección a su nivel.

Hay algo muy poderoso en las reuniones de grupos más grandes que inspira a la gente a buscar de Dios. Las reuniones más grandes les dan a los presentes la oportunidad de ser inspirados por la asombrosa majestad de Dios. La adoración en el grupo grande puede ayudarles a los niños a convertirse en discípulos más fuertes a medida que conocen a Dios y le experimentan con otros.

Aprecié escuchar a un líder de adoración exhortar a la congregación a empaparse en la presencia de Dios y a no preocuparse por cantar la letra, por posicionarse de cierta manera o impresionar a alguien a su lado. "Su objetivo," decía, "es entrar en la presencia de Dios y amarle en una manera más íntima." Lo mismo se aplica a los niños.

LANZAMIENTO DE LA VISIÓN

"Vamos a conquistar esta nación para Cristo, y vamos a comenzar con los niños. Ellos son el futuro. No se canse de hacer el bien; su recompensa está en el cielo." Éste es el típico grito de guerra del pastor Aluizio y Marcia Silva en la Iglesia la Vid. Se dan cuenta que aquellos que lideran células infantiles pueden desanimarse. Necesitan ser animados a seguir y aquí es donde el pastor general y su equipo juegan un rol crítico en la reunión más grande. Gabriela, una de las líderes clave del equipo en la Iglesia la Vid, me comentó que el ministerio de niños puede ser desalentador. Una de las razones por las que tienen una reunión anual es para animar a los líderes con la visión aún más grande de Dios para la iglesia y la nación. Los pastores sabios de iglesias celulares utilizan la predicación, los anuncios, testimonios y otros medios para recordarles a sus líderes de su recompensa eterna, de las grandes cosas que Dios está haciendo y la necesidad de ser persistentes.

La realidad es que las células infantiles requieren de ayuda adulta, ya sea siendo el anfitrión del grupo, liderando al grupo u organizándolo. Así que cuando se trata de proyectar la visión celular, el pastor general tiene una excelente oportunidad de proclamarle a todos los que se congregan durante la reunión más grande que la formación de discípulos no es sólo para adultos. Todos necesitan involucrarse.

Mario Vega a menudo proyecta la visión del ministerio infantil los domingos por la mañana, hablando maravillas de aquellos que lideran a los niños al igual que de los planes de inaugurar más células infantiles a lo largo de El Salvador. La influencia de Mario le agrega una nueva emoción a la iglesia y anima a aquellos que están ministrando a los niños.

EVANGELISMO

Ochenta y cinco por ciento de las experiencias de conversión les ocurren a las personas entre los cuatro y catorce años de edad. Y si vamos a hacer discípulos de todas las naciones, necesitamos comenzar con la conversión de los niños.

Luis Bush, un conocido estratega de misiones, pasó la primera mitad de su carrera promoviendo la Ventana 10/40, el área del globo entre diez grados y cuarenta grados de latitud norte. La tesis de Bush es que los misioneros cristianos necesitan apuntar sus esfuerzos a esta área del mundo ya que la mayoría de la población no cristiana del mundo vive en esa región. Mientras que Bush continúa creyendo que la Ventana 10/40 es esencial, en septiembre de 2009 anunció una nueva iniciativa llamada la "Ventana 4/14," la cual alcanza niños entre los cuatro y catorce años de edad—el grupo más grande y más estratégico de personas en el mundo. Su libro de 2009 se titula *The 4-14 Window: Raising Up a New Generation to Transform the World* (*La Ventana 4-14: Levantando a una Nueva Generación para Transformar al Mundo*), y explica por qué el evangelismo de niños debería apropiarse tanto de nuestra atención como de nuestros recursos.

La reunión más grande es un gran lugar para evangelizar y alcanzar la Ventana 4/14. Recuerdo durante una reunión grande en mi iglesia de la infancia, escuchar a un predicador hablar sobre pedirle a Jesús que entrara a tu corazón. Demostró cómo funcionaba esto a través de un filme corto. Probablemente tenía unos diez años de eada en ese entonces. No creo que el predicador haya hecho una invitación para recibir a Jesús, pero sí recuerdo que me di cuenta que Jesús quería tener una relación personal con cada persona y que quería vivir en mi corazón.

Evangelizar a los niños no se trata sólo de la conversión, sino también de enseñarles a evangelizar. La escuela dominical y el equipamiento de discipulado (capítulo 7) son buenos lugares para hacer esto. Los niños hacen amigos fácilmente y pueden invitar a sus amigos a actividades cristianas de forma natural (y a menudo sus padres vendrán también). Los niños, al igual que los adultos, pueden ejercitar sus músculos espirituales al evangelizar a otros, invitándolos tanto a la célula como al servicio de celebración.

DISCIPULANDO EN LA CÉLULA

A la edad de seis años, Luis se vio forzado a vivir en las calles de Salvador, Brasil. Su padre lo echó de la casa y lo forzó a vivir por su cuenta. A veces, su padre abusivo forzaba a su hermano, a su hermana y a su madre a vivir en las calles también.

Luis vendía maní en una gasolinera cercana y pedía dinero a las personas que estacionaban sus autos en un restaurante cercano—con la condición de cuidarles sus autos mientras ellos comían. Por desesperación, comenzó a asistir a una célula infantil del vecindario, sobre todo por la comida que se servía al finalizar la reunión. Se sentía bienvenido. Era como estar en una familia. Regresó semana tras semana y finalmente recibió a Jesús.

Jesús transformó su vida, dándole esperanza y propósito. Asistía fielmente a la célula infantil, recibiendo así discipulado, consejería y apoyo. La formación espiritual que recibió en ese grupo dirigió su vida y lo ayudó a evitar los estragos en sus años de adolescente.

Cuando me encontré con Luis, era un misionero de fe en Joven con una Misión (YWAM por sus siglas en inglés) en Brasil. Él y su esposa indonesia tienen ahora sus propios hijos a quienes discipulan cuidadosamente en la fe cristiana. Luis ha dominado muchos idiomas, es muy emprendedor (su esposa dijo que él podría hacer cualquier cosa) y tiene planes de escribir libros.

Los grupos celulares alcanzan y discipulan niños. El evangelismo y el crecimiento espiritual son dos componentes clave del ministerio celular. Pero hay más.

¿QUÉ ES UNA CÉLULA?

Una célula (llamada de varias formas como, grupo de vida, grupo de corazón o grupo de crecimiento) es un grupo de quince personas que se reúnen semanalmente afuera del edificio de la iglesia con el propósito de evangelizar, tener comunión y crecimiento espiritual con el objetivo de hacer discípulos que hacen discípulos que resulta en la multiplicación de la familia de Dios.

Hágase notar que el objetivo es hacer discípulos que hacen discípulos que le den gloria a Jesucristo. En Mateo 28:18-20, Jesús le habla a un grupo de discípulos, los mismos discípulos (a excepción de Judas) que moldeó y formó durante un período de tres años. Les había enseñado importantes lecciones de vida a medida que vivían juntos. Mucho del desarrollo crucial de carácter vino a medida que trabajaban a través de los conflictos y que sobrellevaban dificultades unos con otros. Jesús había convocado a estos discípulos a unirse a una nueva comunidad y a ser parte de una nueva familia espiritual.[15] Daphne Kirk escribe:

> ¡Los niños en su célula necesitan el discipulado por las mismas razones que los adultos! Cada niño es un individuo único y profundamente precioso a los ojos de Dios y de sus padres. Para que esa individualidad sea reconocida en la vida temprana, necesitan de alguien que conozca dónde están en su relación con Jesús y los problemas a los que se enfrentan.[16]

Jesús sintió que el proceso del grupo era esencial para hacer discípulos que hacen discípulos y lo mismo es cierto con los niños. La iglesia primitiva continuó el proceso de hacer discípulos de casa en casa y los niños eran una parte vital de aquellas primeras iglesias en las casas. Lawrence Richards escribe, "Podemos visualizar a los niños incorporándose al momento de la alabanza y la oración durante las reuniones de las iglesias en las casas. Los niños más jóvenes probablemente dormían, pero los niños mayores participaban como parte de la familia extensa de Dios."[17] El hogar es aún el mejor lugar para las células infantiles ya que es la extensión de la familia y el hábitat natural y entorno para el crecimiento y desarrollo, aunque algunas células se reúnen exclusivamente en escuelas, centros comunitarios e incluso parques.[18]

MÁS QUE INFORMACIÓN

El enfoque de un grupo celular de niños no es sólo recibir información, así como cuando un maestro enseña en un salón de clases. A diferencia, es un grupo pequeño de niños—no necesariamente de la misma edad—que están creciendo juntos, aplicando la Biblia de manera interactiva y alcanzando a otros niños. Lorna Jenkins escribe:

> El grupo celular se enfoca en la amistad, la actividad y en la información bíblica básica para niños que no tienen conocimiento alguno sobre la Biblia. La oración también está en el centro de ellas. Los niños fuera de la iglesia están muy interesados en la oración y cómo ésta funciona.[19]

Un grupo celular de niños prioriza la transformación de aquellos presentes y el enfoque está en la aplicación de la Palabra de Dios. Cuando los niños abren la Biblia juntos, el mensaje está dirigido a cómo los niños pueden vivir en la fe cristiana cada día.

Los niños en la célula son animados a escuchar la voz de Dios, a orar y a compartir lo que Dios les está mostrando. El Espíritu toca vidas a medida que cada niño responde al Espíritu en él o en ella. Jesús es el Señor de la célula, la cual es su Iglesia y Él adora obrar y traer una transformación.[20]

El líder no es tanto un maestro como es un pastor, un modelo a seguir y un mentor. Todos se unen a la discusión y los niños más jóvenes pueden compartir una experiencia, una pregunta o una oración, las cuales son de bendición a otros. El líder puede ser un adulto, pero a medida que los niños crecen espiritualmente, se les puede dar más y más responsabilidad.

La oración es un vehículo vital para que los niños compartan sus necesidades y se animen unos a otros en sus vidas diarias. También aprenden a orar por las necesidades de otros. Los niños pueden ser poderosos guerreros de oración y necesitan ser entrenados en este vital rol.

Hay dos tipos de grupos celulares para niños. Uno es el grupo intergeneracional y el otro es el grupo de sólo niños. El grupo intergeneracional resalta a todas las generaciones, incluyendo a los niños, mientras que el grupo de sólo niños es guiado por un equipo de adultos en la casa de alguien durante la semana. Ambos son comunes en el ministerio celular y los siguientes tres capítulos explorarán estos dos tipos de grupos en detalle.

Capítulo 4

Grupos Celulares Intergeneracionales

En 1969, Ralph Neighbour, Jr. formó una iglesia no tradicional en Houston, Texas llamada "Las Personas que se Interesan." La iglesia formó grupos celulares en las casas, donde los amigos que no asistían a una iglesia, se sentían bienvenidos. Éste era un paradigma completamente distinto, pero la iglesia tuvo un impacto asombroso en la ciudad y comenzó a enseñar a otros cómo formar grupos celulares. Neighbour no tenía idea que Paul Yonggi Cho estaba experimentando con lo mismo y se encontraba en el proceso de convertirse en la iglesia más grande en la historia del cristianismo.

En 1970, Neighbour visitó la iglesia de Cho en Corea del Sur. Se fijó en un grupo celular de niños reunido un sábado en los escalones de un edificio cerrado. Dios le habló a Ralph, mostrándole que la familia de Dios estaba siendo violada con la mentalidad que los niños no pertenecen dentro de la célula. Neighbour regresó a Houston y a principios de los años setenta comenzó desarrollar la idea de los grupos intergeneracionales, en los cuales niños, jóvenes y adultos convivían y ministraban juntos. Mientras Ralph comenzaba el proceso, era Lorna Jenkins quien lo perfeccionaba.

Lorna obtuvo su doctorado en Colombia Bible College donde Ralph fue catedrático. Bajo la tutoría de Neighbour, Jenkins investigaba a los niños en el ministerio celular, tanto desde una perspectiva bíblica como desde una práctica.

En 1990, Neighbour se mudó a Singapur para ayudar a Laurence Khong a construir la Iglesia Bautista Comunidad de Fe, y ellos invitaron a Lorna Jenkins a implementar grupos intergeneracionales. Una gran cantidad de material se desarrolló en los grupos intergeneracionales, equipando así niños y uniendo a la célula con el servicio de celebración, lo cual está mejor descrito en el excelente libro de Lorna, *Dando Voces en el Templo*.

Los grupos celulares intergeneracionales tienen una larga historia en la era de la célula moderna. Se originaron con Ralph Neighbour, fueron afinados con Lorna Jenkins, fueron puestos en práctica en Singapur y luego circularon alrededor del mundo. Daphne Kirk se convirtió en una parte clave en la preparación de niños a través de los grupos intergeneracionales y en la conexión de las generaciones.

¿QUÉ ES UN GRUPO INTERGENERACIONAL?

Imagínate familias enteras—niños, jóvenes y adultos—uniéndose bajo el mismo techo. Todos los presentes tienen un tiempo de comunión antes de comenzar la reunión y quizá incluso un pequeño refrigerio. La reunión empieza a la hora acordada y se comienza con el rompehielos. María pregunta: "¿Cuál es tu es tu estación favorita del año y por qué?" María le pregunta a Nancy para empezar, conociendo su personalidad y ansias por compartir. A todos se les da una oportunidad de hablar y la emoción crece a medida que las personas se comienzan a sentir cómodas unas con otras.

Luego el grupo comienza con la adoración. Juan, de quince años de edad, toca la guitarra y dirige los cantos cuyas letras ha impreso. Algunos de los niños permanecen sentados en silencio mientras otros cantan enérgicamente. Nancy, de cinco años, no puede controlarse y danza al son de la música. Juan hace una pausa entre cada canto para darle tiempo al Espíritu de Dios de moverse, para que alguien de una palabra de ánimo, para una profecía o una oración de sanidad.

Santiago y María, los líders, cierran en oración el tiempo de adoración y los niños, usualmente de 3 a 12 años de edad, se retiran a una parte del garaje la cual se ha convertido en un cuarto de usos múltiples. Beatriz y María se están turnando para enseñarles la lección a los niños, lo hacen de manera dinámica, divertida y educacional. También prepararán a los niños para que presenten un drama al resto de los adultos durante el tiempo de refrigerio al finalizar la célula.

Mientras tanto, los adultos aplican la lección, la cual estuvo basada en la predicación del domingo del Pastor Jim. María facilita la discusión al hacer preguntas, mientras evita dar otra predicación. Después de unos cuarenta minutos, los seis hombres se retiran a un lado de la habitación para orar por necesidades específicas, mientras que las siete mujeres tienen su propia reunión de oración. A las 8:30 p.m. todos se reúnen para tomar el refrigerio y para ver el drama de los niños. Las personas se retiran a las 9 p.m., renovados por el Espíritu de Dios, con un profundo sentido de comunión y emoción por servir a Jesús.

Los grupos intergeneracionales son tan antiguos como las iglesias en las casas del Nuevo Testamento ya que esos primeros grupos eran intergeneracionales. Estos conectaban a los padres, hijos y a la familia extensa. El libro de los Hechos menciona a las familias enteras participando en la fe cristiana y describe la vida de la iglesia llevándose a cabo en los hogares de los creyentes. La Biblia habla de la Iglesia como la casa de Dios o la familia de Dios (1 Ti. 3:15; Ef. 2:19; Gá. 6:10). El lenguaje familiar es también usado para describir nuestra relación con los demás. La metáfora "Dios el Padre," "Jesús el Hijo," "hijos de Dios," "hermanos y hermanas en Cristo," junto con un número de otros términos de la familia, se convirtieron en un medio de comunicar una nueva teología cristiana. También construyó la base de la comunidad cristiana y de la interacción entre sus miembros. Pablo utiliza los términos "hermanos," "hermanas," unas 118 veces en sus cartas. Robert Bank escribe:

> La comparación de la comunidad cristiana con una "familia" debe ser considerada el uso metafórico más significativo de todos. Por esa razón, tiene puesto de honor en esta discusión. Más que ninguna otra imagen utilizada por Pablo, ésta revela la esencia de este pensamiento sobre la comunión.[21]

Lorna Jenkins define un grupo intergeneracional de la siguiente manera: "Un Grupo Celular Intergeneracional es un grupo celular que acoge a los niños como miembros plenos. No impone ninguna barrera de edad. A pesar que los niños puedan tener un subgrupo por separado durante la reunión, ellos pertenecen por completo al grupo celular, y pueden bendecir y ministrar a los adultos, así como pueden ser bendecidos por los adultos. Dichos grupos celulares incluyen a los niños en sus actividades: la oración, la adoración, el crecimiento espiritual y el evangelismo."[22]

CONECTANDO LAS GENERACIONES

Cuando la Iglesia York Alliance en York, Pensilvania hizo por primera vez la transición inicial de una iglesia basada en un programa a una iglesia celular, se determinó que las células fuesen intergeneracionales.[23]

Al Pastor Brian Kannel le encantaría decir que fue una decisión sabia, bien pensada con una base profundamente teológica.

Pero la realidad fue que había muchos niños y la iglesia necesitaba saber qué hacer con ellos. Los grupos intergeneracionales contestaron esta pregunta. Y en los últimos quince años, han visto un crecimiento y madurez en los niños, jóvenes y adultos.

La iglesia comenzó con grupos celulares homogéneos, pero se percataron de un problema. Las jóvenes parejas casadas tenían preguntas y problemas que eran típicas para las jóvenes parejas casadas: ¿Cómo decido qué casa comprar? ¿Cuándo deberíamos comenzar una familia? Entonces, les preguntaban a otros dentro de la comunidad. Prediciblemente, no tenían buenas respuestas. Así que se unían a su ignorancia y tomaban las mejores decisiones que les fuera posible.

Mientras tanto, a medida que el grupo de jubilados se relacionaban unos con otros, descubrieron que a pesar que tenían muchas preguntas, ninguno tenía respuestas. Cuando hablaban unos con otros y comparaban molestias y dolores y los padecimientos del día a día, se dieron cuenta que ni siquiera tenían la energía para hacer preguntas.

La iglesia rápidamente descubrió que las células intergeneracionales no eran simplemente una estrategia para darle cuidado a los niños. Con una comunidad intencionalmente integrada, los adultos jóvenes tenían a hombres y mujeres maduras que les hablasen sabiamente a sus vidas. Los niños repentinamente tenían múltiples abuelos adoptivos que les amaban y se preocupaban por ellos. La energía de las jóvenes vidas de alguna forma se infundía en la generación madura.

Los adolescentes ya no eran simplemente educados por un pastor de jóvenes; una familia entera invertía tiempo en ellos. Los hombres solteros tenían una familia con quien cenar; las viudas tenían compañía; los padres con hijos mayores tenían una vez más a niños corriendo por las salas de sus casas, a los cuales podían enviar a sus propios hogares cuando estaban listos para disfrutar de la paz y quietud bien merecidas.

Las células intergeneracionales unen lo mejor de dos mundos. Unen a las familias para discipular a los niños. Edifican tanto a los jóvenes como a los viejos. Idealmente, una célula intergeneracional está constituida por niños, sus padres, adultos solteros, jóvenes parejas casadas, y adultos mayores casados o solteros. Sin embargo, no es necesario que tenga todas estas edades.

También proveen una oportunidad para alcanzar a niños cuyos padres no son cristianos. Padres cristianos que tienen a sus hijos en una célula intergeneracional pueden continuar el proceso de discipulado en sus propios hogares durante la semana. No están separados de sus hijos, sino que la vida celular se convierte en una extensión de su familia. Esto les ayuda tanto a los padres como a los hijos.

En el grupo intergeneracional, los niños son aceptados como miembros plenos y son animados a participar en la vida del grupo celular. Los niños tienen el increíble poder de enseñar, convencer de pecado y moldear a los adultos. No se refrenan. Ellos comparten lo que sienten. Dios desea usarlos, como a los adultos, para ministrarle a los necesitados.

El ambiente de la célula intergeneracional ofrece el potencial de sanar a toda la familia. Daphne Kirk escribe:

> En la célula intergeneracional todos pueden darse cuenta de su potencial, no en un edificio separado, no sólo entre sus iguales, sino en el contexto de la Iglesia, en la familia, en la comunidad que Él ha creado. Aquí se pueden mover hacia una relación con Jesús y su pueblo. A través de esa relación, descubrirán que Jesús en

verdad es "el mismo de ayer, y hoy y por los siglos," y conocerán que son amados, apreciados y valorados.[24]

Daphne Kirk señala que la terapia hoy en día es ofrecida en el contexto de la familia, reconociendo que todos son importantes si el cambio ha de ser efectivo y que la interacción entre los miembros de la familia es una parte vital de esa sanación.[25]

JUNTOS Y SEPARADOS

Los niños en las células intergeneracionales se reúnen con los adultos en el formato regular de las células para el rompehielos al igual que para el tiempo de adoración.

Los niños se retiran luego durante el tiempo de la enseñanza. Mientras que los adultos interactúan con la Palabra de Dios basada en la predicación del pastor, los niños reciben su propia lección para células personalizada que normalmente es preparada por la iglesia. Los niños se reúnen en una habitación distinta de la misma casa después de la bienvenida y la adoración.

Algunas iglesias celulares tienen un pastor o un coordinador del ministerio de niños que supervisa los grupos intergeneracionales, provisiona el material para las reuniones de los grupos intergeneracionales y entrena a aquellos que imparten las lecciones. Este mismo coordinador es responsable de entregarle la guía de la célula infantil a la persona indicada. Muchas iglesias pequeñas encuentran sus recursos en librerías, en Internet o al pedirles a padres talentosos que preparen las guías de la célula infantil. Algunos grupos intergeneracionales muestran un video cristiano durante el tiempo que están con los niños para hacer preguntas que tengan una aplicación.

Cuando el grupo tiene cuatro o más niños de manera consistente, muchos grupos buscan a un equipo de líderes permanente que sientan el llamado de liderar a niños (para más información, ver capítulo 6). Pueden pertenecer al grupo celular de adultos, o a la iglesia.[26] Si alguien no siente el llamado de liderar la célula infantil, los adultos pueden rotarse para ministrar a los niños. Los adultos pueden ser animados—no forzados—a tomar turnos en liderar al grupo celular de niños. Cada semana un equipo distinto de adultos toma a los niños y trabaja con ellos a través de la guía celular.

El tiempo de lección de los niños a menudo se llama "Espacio para Niños," el tiempo cuando los niños van a una habitación distinta después del tiempo de bienvenida y adoración. El Espacio para Niños puede ser facilitado por cualquier miembro(s) del grupo pequeño que ya son conocidos y que han estado en el grupo pequeño por un periodo de tiempo. Siempre es mejor tener a dos adultos en el Espacio para Niños por seguridad y razones éticas. Durante el Espacio para Niños, los niños son animados a escuchar la Palabra de Dios, interactuar unos con otros, y construir relaciones unos con otros. Los niños tienen la oportunidad de interactuar con distintos adultos y de ver a Dios obrando en sus vidas. Tienen la oportunidad de ver "la vida cristiana normal" como es vivida por los adultos en la iglesia.

Los niños necesitan tener posesión del grupo pequeño. Deben tener la libertad de hacer preguntas, expresar opiniones e incluso dar consejo. Pueden estar a cargo de aspectos de la reunión celular, tal como la oración, escoger canciones, evangelizar e incluso facilitar partes de la enseñanza. Deben ser animados en especial a servirle a través de los dones del Espíritu a aquellos dentro del grupo celular.

Las edades de los niños sí marcan una diferencia. Muchos grupos intergeneracionales piden que los bebés y niños pequeños permanezcan en la célula de adultos. A menudo, los bebés son cargados por sus madres, padres, solteros y "abuelos." Los niños pequeños dan pasitos por ahí durante el tiempo de la célula, lo cual les sirve de distracción. A veces se quedan dormidos. Alrededor de los tres años de edad, los niños pueden comenzar a asistir al Espacio para Niños. A veces los niños de dos o tres años asisten al Espacio de Niños en especial si un hermano o hermana mayor también asiste. Pero como regla general, se debe animar a que aquellos niños menores de tres años se queden con sus padres o duerman en una cama o en los brazos de sus padres. También pueden jugar en silencio. Después de un tiempo, los niños pueden ser entrenados a aceptar esto e incluso regresar a sus casas ya dormidos.

Si aquellos dentro del Espacio para Niños son de tres a seis años, necesitan más actividades como cantar, tener juegos, ayudas visuales o videos. El grupo en esta edad no se beneficiará de la lección de la célula de adultos. Necesitarán una dinámica, una lección aplicable, preguntas, dramas, oración y otras actividades.

Una célula reportó tener seis niños de dos años en su grupo. Interrumpían la célula de adultos y el Espacio de Niños. Así que, este grupo en particular creó un grupo de niños pequeños. La célula puso a un adulto con los seis niños en otro cuarto equipado con música de adoración y juguetes. Otro grupo celular tenía una familia con seis niños menores de 12 años. La bebé, Michaela, comenzó a asistir al Espacio para niños a los dieciocho meses de edad. Este grupo encontró un rol especial para ella. Ella participaba en las actividades de arte y en el tiempo de compartir.[27]

LOS BENEFICIOS DE LAS CÉLULAS INTERGENERACIONALES

Uno de los beneficios más importantes de las células intergeneracionales es que los niños no son compartimentados en grupos de distintas edades—los niños mayores lideran a los más jóvenes y ayudan a coordinar actividades en las que ellos puedan participar. Aquellos en el grupo intergeneracional aprenden habilidades para resolver conflictos y cómo interactuar y tomar decisiones como equipo. No es fácil trabajar con varias edades y aquellos involucrados en los grupos intergeneracionales deben depender en Jesús para hacer que todo funcione. Un líder de grupo intergeneracional se dio cuenta era de ayuda para los niños el preparar una historia dramatizada para presentársela a los adultos durante el tiempo de refrigerio. El líder escribe:

> Los niños se emocionan por trabajar juntos y presentar la historia a los adultos. En vez que los adultos entretengan a los niños, es lo opuesto. Se sienten una parte importante de la reunión. Los niños no sólo están aprendiendo pasivamente sobre la historia—están interactuando con ella de una manera significativa y experimental que facilita el aprendizaje y la aplicación a la vida. Los niños se sienten importantes e incluidos en las festividades de la reunión de la iglesia en la casa. ¡Es divertido![28]

Los niños necesitan saber sobre y ser conocidos por los adultos que se interesan por ellos e invierten en ellos. Las relaciones pueden ser construidas a través de pequeños actos de atención e interés, algo tan sencillo como que un adulto mire a un niño a los ojos y diga: "Estoy muy feliz que estés aquí." En la presión de llevar a cabo el ministerio, podemos fácilmente pasar por alto dichas pequeñas acciones de afecto.[29]

DIOS LO HARÁ

Cuando la familia Bowman comenzó a liderar por primera vez un grupo en su hogar, la mayor preocupación fue los niños. Jessica Bowman escribe: "Mi esposo en particular estaba preocupado por esto y temeroso que los niños interrumpieran y distrajeran mucho, que nadie sería capaz de concentrarse."[30] Su temor no se hizo realidad.

Aprendieron a relajarse y a permitir que el Espíritu de Dios se moviera entre los miembros del grupo. Descubrieron que los adultos y los niños aprendían unos de otros y todos crecían juntos. Jessica se dio cuenta que ministrarles a los niños en un grupo celular es una línea delgada entre hacer muchos preparativos (un currículo demasiado formal) y muy pocos (sólo improvisar y orar). Sobre todo, los Bowman crecieron en su relación con Jesús y con la familia de Dios, como adultos y niños que se ministran unos a otros—muy parecido a las iglesias en las casas primitivas del Nuevo Testamento.

A medida que aprendes a confiar en Dios y salir de tu grupo intergeneracional, madurarás en tu propia fe, así como darás alas a los niños a medida que practiquen su propio cristianismo. En medio de las luchas, tú y tu familia serán transformados de maneras inesperadas.

Capítulo 5

Elementos Básicos Sobre Las Células Intergeneracionales

"Llevé a Jenny a Jesús. Ella oró para recibir a Jesús en su corazón," proclamó Sarah. Sarah tan sólo tenía trece en ese entonces y había estado liderando el Espacio para Niños por unos pocos meses. Jenny tenía seis años y sinceramente quería conocer a Jesús. Sarah había pasado mucho tiempo esa tarde preparando su lección y sintió que le fue bien, pero no esperaba el gozo que le causaría llevar a alguien a Jesús.

Sarah era parte de un grupo intergeneracional que incluía adultos, adolescentes y niños pequeños. Ella y los niños adoraban con los adultos durante la bienvenida y la adoración, pero luego los niños (de 3 a 12 años) se retiraban al garaje para el momento de la lección. Normalmente los niños les presentaban a los adultos un drama durante el tiempo del refrigerio o a veces los niños compartían un testimonio. Sarah se sentía agradecida que su hermana menor, Nicole, le ayudara.

Recuerdo esta historia muy bien ya que sucedió en nuestro propio grupo intergeneracional en nuestra iglesia plantada en Moreno Valley. De hecho, la iglesia plantada comenzó como una célula intergeneracional, y dependíamos grandemente en que nuestros niños guiaran la adoración, ayudaran con la oración y con el Espacio para Niños. Discernimos desde el principio que nuestros niños se beneficiarían grandemente al involucrarse en la célula infantil desde una temprana edad.

Sarah comenzó a ser líder cuando tenía doce años de edad y Nicole, mi segunda hija, tomó el lugar de Sara y lideró a un grupo que se convirtió en un grupo de jóvenes que se reunía al mismo tiempo que nuestro grupo intergeneracional. Chelsea, mi hija más pequeña, siempre fue parte de un grupo intergeneracional, pero finalmente comenzó a liderar un grupo de vida juvenil que se reunía en otro momento. Aun así, aprendió las habilidades de liderazgo del grupo intergeneracional con sus hermanas, Nicole y Sarah.

ESTAR EN ACUERDO

Cuando sea que imparto seminarios, me gusta obtener cuanta más información me sea posible sobre lo que debería esperar y lo que la iglesia debería esperar de mí. He aprendido por experiencia que es mejor dejar de adivinar y descubrir la realidad de la situación. Lo mismo es cierto con las células intergeneracionales y sus expectativas. Las iglesias con grupos intergeneracionales han descubierto que un acuerdo de grupos pequeños mantiene el orden y ayuda a que el grupo regrese a los lineamientos cuando ese orden se interrumpa. Los acuerdos de grupos intergeneracionales tratan cuestiones como que cada miembro debe respetar el hogar de los anfitriones, debe responder a otros miembros, cómo se tratará el tema de la disciplina, y cualquier otra cosa donde las personas puedan tener distintos estándares y límites.

Los niños pueden discutir varios asuntos independientemente de los adultos y luego los adultos y los niños pueden comparar sus ideas y llegar a un acuerdo. Si esto está sujeto a evaluación periódicamente (e.g., cada dos meses), se evitarán muchos conflictos innecesarios en el grupo pequeño.

EJEMPLO DE ACUERDO DE GRUPO

1. No es bueno correr dentro de la casa.
2. No es bueno saltar o poner los pies sobre los muebles.
3. A la mayoría de personas no les agrada que sus invitados enciendan el televisor, el estéreo o la computadora sin su permiso. Obtén autorización antes de tocar un instrumento musical.
4. No es cortés que un invitado vaya a los dormitorios o a la cocina a menos que se le invite.
5. No es bueno jugar con los objetos o juguetes sin permiso del anfitrión. Es vergonzoso si algo se rompe. Escribir en muebles o paredes no está permitido.
6. Es cortés ayudar a ordenar cualquier desorden antes de irse.
7. Es cortés preguntarle al anfitrión antes de ocupar el baño.
8. No es cortés comer o beber a menos que se te invite a hacerlo. Se considera amable ofrecerle comida a alguien más antes de comenzar a comer.
9. Los niños y los adultos deben agradecer a los anfitriones por su amabilidad.

La consistencia es un gran factor. El líder principal del grupo necesita mantener la disciplina constante. Kevin Walsh escribe:

> Para que haya disciplina efectiva, debe haber consistencia entre las expectativas los padres y maestros tienen hacia los niños y la habilidad de los niños de cumplir

estas expectativas. A menudo se espera que los niños hagan cosas que van más allá de sus capacidades.[31]

Daphne Kirk ha estado aconsejando a iglesias por años sobre el comportamiento aceptable y el inaceptable dentro de los grupos intergeneracionales. Recientemente escribió un blog sobre fijar lineamientos en los grupos intergeneracionales:

- Distracciones: se necesita que haya un acuerdo de cómo evitar las distracciones con los niños. Se les anima a los adultos a invitar a un niño a sentarse con ellos, para que cada niño tenga un adulto que le ayude a involucrarse. Si los niños se sientan en el piso, cada niño necesita su propio asiento.

- Participación: habla sobre cómo involucrar a cada uno en la célula. A los niños les encantan los rompehielos. Es una buena idea ir alrededor del grupo dándoles a los niños la oportunidad de contestar—al igual que a los adultos. A los niños les encanta anunciar el rompehielos, así que dales un sentido de pertenencia, pidiéndole a uno de ellos que lo anuncie. Los niños también deben estar involucrados en la adoración. El tiempo de oración debe involucrar a los niños.

- Rotación en el Espacio para Niños: debe haber un acuerdo que alivie la carga de sólo un adulto. Si la misma persona está a cargo del Espacio para Niños, él o ella se perderá de la enseñanza normal. Cada adulto debe hacerse cargo del Espacio para Niños por rotación (en pares para protección de los niños). Si a un adulto le falta confianza, ponlo con alguien que tiene más experiencia.

- Acordar en el Alcance: a menudo es una gran idea que los niños planeen algún tipo de alcance evangelístico (a menudo llamado *tiempo de testificar*) en el Espacio para Niños o al regresar con los adultos.

- Finalizar la célula intergeneracional: en una buena idea estar en acuerdo con los niños y adultos en cómo finalizar el grupo intergeneracional (e.g., el regreso con los adultos, el tiempo de finalizar el grupo, etc).[32]

Tener un acuerdo escrito sobre el comportamiento aceptable y el inaceptable puede no sólo evitar el dolor, la ira y el enojo, sino que también puede promover el buen comportamiento, así como la participación, la evangelización y el crecimiento espiritual.

BIENVENIDA

Una buena forma de empezar un grupo intergeneracional es rompiendo el hielo. La mayoría de personas están cansadas cuando llegan a la reunión. Probablemente no se sientan con ganas de ser espirituales. Algunos asistirán sólo porque saben que deben estar ahí, no porque tengan deseos de asistir. Comienza de forma alegre. Permite que se sientan cómodos con el grupo.

Los mejores rompehielos garantizan una respuesta. Mueven a las personas a hablar sobre sus pasatiempos, sus amigos, su familia o experiencias personales.

Se hace una pregunta a todos los presentes—adultos, jóvenes y niños. Un rompehielos puede ser: "¿Qué te gusta más de la Navidad?" o "¿Cuál es o cuál fue tu materia favorita en la escuela?" Algunos grupos intergeneracionales que han estado funcionando por más tiempo van más allá con el rompehielos. Por ejemplo, Holly Allan recuerda usar el rompehielos siguiente: "¿A qué le tienes miedo?" Algunas de las respuestas fueron:

- Que no apruebe el cuarto grado
- Que gane peso durante mi embarazo
- Que muera joven como mi padre

- Que papá y mamá se divorcien
- Que no le darán a Ben su libertad condicional

Jeremy que estaba en el segundo grado, puso su cabeza en sus brazos y comenzó a llorar, diciendo: "Tengo miedo de irme a la cama porque tengo pesadillas." Uno de los padres en el grupo se acercó a Jeremy y puso su brazo alrededor de sus hombros. Lo cargó por unos minutos, luego oró con él y por él, que Dios se llevara sus pesadillas. Una de las chicas mayores del grupo se acercó a Jeremy y dijo: "Sabes, Jeremy, yo solía tener pesadillas, pero oré a Dios y Él se llevó mis pesadillas."[33] Los rompehielos pueden ser divertidos, cortos o más profundos dependiendo de la cohesión del grupo, de cuánto tiempo el grupo ha estado junto o de si la intención es el alcance o no.

EJEMPLOS DE ROMPEHIELOS

- ¿Quién fue tu maestro preferido en la escuela y por qué?
- Cuando estás estresado o frustrado por algo, ¿qué haces?
- ¿Qué es lo mejor que ocurrió en tu vida el año pasado?
- ¿Cuál es tu pasatiempo y por qué te gusta?
- ¿Quién fue la persona más influyente en tu decisión de seguir a Cristo? ¿Cuál era la relación de esa persona contigo (amigo, padre, maestro, etc.)?
- Pídele a cada persona que complete la oración: "Una palabra que me describe es…"
- ¿Cuál es el mejor consejo que alguien te ha dado?
- Describe tu semana en colores.
- ¿Qué animal mejor describe tu estado de ánimo en este momento?
- ¿Qué tal eres perdonando cuando un amigo de defrauda?

ADORACIÓN

Después de romper el hielo, los adultos y los niños comienzan el tiempo de adoración con el fin de entrar en la presencia de Dios y darle el control de la reunión. Sin la presencia de Dios, no hay distinción entre la célula y una reunión social o un evento de la escuela.

El líder de adoración no tiene que saber tocar la guitarra o cantar como Darlene Zschech, la famosa líder de alabanza de Hillsong. He estado en tiempos de adoración en los grupos intergeneracionales en los cuales los miembros intentaban dar un grito de júbilo (con el énfasis en *grito*). Los niños no se obsesionan con cantar afinadamente o con perfecta cadencia. Después de todo, Dios mira la motivación por cantar. Algunos grupos celulares prefieren poner un video de YouTube, un CD o un DVD, mientras los miembros cantan.

Algunas veces un niño escoge las canciones; a veces un niño dirige las canciones. Algunas veces un padre y su hijo escogen las canciones juntos. El tiempo de adoración puede durar unos pocos minutos o una media hora, dependiendo de factores como la unidad dentro del grupo, la respuesta hacia las experiencias de los domingos por la mañana, o las necesidades de la tarde.[34]

Es mejor que todo fluya fácilmente durante el tiempo de adoración, en lugar de parar para escoger una canción. Me gusta incluir la adoración y la oración entre canciones. El líder puede hacer una pausa para adorar diciendo: "Siéntase libre de adorar a Dios con una oración o dos, expresando su amor por él. También queremos escuchar a los niños." Dios les ha dado una sensibilidad especial para responder al Señor en oración, escuchar su voz y cantarle. Este es un tiempo para que todo el pueblo de Dios se regocije en su presencia y le adore como familia.

No limite el tiempo de adoración a sólo cantar himnos. El grupo puede experimentar la presencia de Dios a través de la lectura de los Salmos, hacer oraciones o incluso esperar en silencio. Ayudar a los niños a escuchar la voz de Dios, orar, adorar y convertirse en un sacerdote activo del Dios viviente es una parte importante del proceso de discipulado.

PALABRA

Tanto la célula de adultos como la de niños normalmente siguen la predicación del domingo o la enseñanza general de la iglesia. Aun así, incluso si la iglesia provee la lección, es esencial que cada líder de grupo pequeño examina la lección y la aplica a las necesidades del grupo.

El líder del Espacio para Niños para esa semana en particular lee la historia bíblica, da una pequeña lección, hace preguntas basadas en las Escrituras e incluso puede pedirles a los niños que dramaticen o actúen una lección bíblica. Los niños pueden recrear una lección bíblica que aprendieron el domingo y luego presentársela a los adultos durante el tiempo del refrigerio.

Mantén la enseñanza al nivel de los niños. A veces, los maestros aman las grandes palabras que sólo los expertos entienden. Habla simple y claro y utiliza muchas historias para ilustrar lo que está diciendo. Los niños ansían palabras que puedan comprender. Andre Kole, uno de los mejores ilusionistas del mundo, dijo: "Las personas a las que es más difícil engañar con tus trucos son los niños."[35] Eso es debido a que los niños no son tan complejos como los adultos son al tratar de descifrar algo. Sólo ven la vida como lo que es.

Después de explicar una historia o un texto bíblico, el líder hace preguntas para estimular la comprensión y la aplicación. Daphne Kirk promueve el uso de preguntas como:

- ¿Cómo te hizo sentir eso?
- ¿Cómo sería nuestro grupo si pusiéramos en práctica esa porción?
- ¿Qué cambios debemos hacer en nuestras vidas si queremos poner en práctica esa porción?
- ¿Qué crees que nos está diciendo Dios ahora mismo?[36]

A toda costa, Dios habla al grupo a través de su Palabra y las personas reconocen sus necesidades.

TESTIFICAR

La última parte de la célula, el tiempo de testificar o tiempo de obras, ayuda al grupo a enfocarse en otros. No hay "una forma" para hacer esto. La idea central que debe guiar este tiempo es el alcance, el cual puede variar semanalmente:

- Orar por inconversos a invitar
- Preparar tarjetas para ser enviadas a misioneros
- Ayudar a familias necesitadas con comida y ropa
- Orar por familiares que no conocen a Jesús
- Planificar una futura multiplicación

Las peticiones específicas de oración surgen de manera natural después del tiempo de la lección. Los niños pueden orar unos por otros, por sus amigos, familiares y por quienes planean invitar para la próxima reunión intergeneracional.

VOLVER A UNIRSE

Muchos grupos celulares tienen un tiempo de refrigerio al final donde los niños comparten lo que aprendieron en el Espacio para Niños. Hacer un drama para los adultos sobre lo que los niños aprendieron es una gran manera de que los niños refuercen las verdades bíblicas de la lección. Compartir con los adultos puede ser tan sencillo como que el líder del Espacio para Niños le pregunte a alguien del grupo que comparta lo que aprendió.

UNA REUNIÓN DE GRUPO INTERGENERACIONAL

Bienvenida

Los niños y adultos juntos

- Bienvenida (el líder de la célula da la bienvenida a todos, incluyendo a los niños por nombre)
- Rompehielos (los niños participan)
- Dar reporte, compartir

Adoración

Adoración, intercalando con alabanza, oración y escuchar a Dios. Leer las Escrituras es una forma importante de adoración.

Palabra

Espacio para Niños

- Edificación:
    * Discutir la historia bíblica o pasaje de las Escrituras
    * Aprenderse un versículo de memoria
- Actividad:
    * Orar por los amigos, familiares, personas inconversas, etc.
    * Planificar el servicio de otros

> **Testificar/Obras**
> - Obras (Compartir la visión, planificar eventos, evangelización, fechas de multiplicación, etc.)
> - Oración
> - Los niños regresan al grupo de adultos
> - Comida y bendición (niños y adultos comparten la comunión y la formación de nuevas relaciones al final de la reunión).

IGLESIA YORK ALLIANCE

Cuando Jacob Shuey estaba en el cuarto grado, era parte den un grupo intergeneracional en la Iglesia York Alliance. Hoy, dieciocho años después, a los veintiocho años de edad, él lidera un grupo intergeneracional. "Es sorprendente escuchar la sabiduría de un hombre de sesenta cuando sólo eres un adolescente," me dijo. "De eso se tratan los grupos intergeneracionales," dijo. Cuando su familia se mudó a York, Pensilvania, su familia entera se involucró en el grupo intergeneracional. Su padre y sus tres hermanos menores siguieron siendo parte del grupo de vida y se mantuvieron fieles a Jesucristo.

Jacob y su esposa Amanda han liderado un grupo intergeneracional por aproximadamente cinco años. Los adultos dispuestos toman turnos para dirigir el Espacio para Niños. "Nos gusta tener a dos hombres o a dos mujeres liderando el Espacio para Niños. Una de las razones es que se unan espiritualmente—para que lleguen a conocerse."

VALORA LOS CAMBIOS

El liderazgo en la Iglesia York Alliance concluye que es mejor que las personas de distintos trasfondos aprendan unas de otras y sean mentores unas de otras. El pastor Brian Kannel sabe que esto es opuesto a la naturaleza humana. "El deseo de las personas es comunicarse con un grupo de su misma edad," me dijo. "Sin embargo, es esencial que no simplemente se unan a la ignorancia. Entre personas muy jóvenes, no hay ninguna que tenga la experiencia suficiente para decir, 'deberías estar haciendo esto.'"

Desde el comienzo, Brian se dio cuenta que los miembros de la Iglesia York Alliance tenían que "tragarse" o adoptar la filosofía intergeneracional. "En algunas culturas" dice Brian, "el pastor general prácticamente dicta lo que quiere que todos hagan. En la Iglesia York Alliance, nuestros miembros no responden a que los aborden con mano dura."

No ha sido un camino fácil, pero la iglesia hoy cree que tomó la decisión correcta al hacer la transición al modelo intergeneracional del ministerio celular. Los niños no son un plus para el grupo o la responsabilidad de un grupo selecto de personas, sino una parte vital de cada grupo. Cada miembro del grupo habla verdad a las vidas de los niños—y escucha al Espíritu Santo a través de ellos, a medida que ellos hablan a las vidas de los adultos.

A pesar que la iglesia pasó por momentos de resistencia y obstáculos diversos, se mantuvo firme a su decisión de ser un grupo intergeneracional ya que estaba basada en fuertes valores. En otras palabras, ellos creen que este era el modelo bíblico que ayudaría a madurar a las distintas generaciones dentro de la iglesia. "Aún es trabajo," me dijo Brian, "pero ahora reconocemos los valores bíblicos eternos asociados con el ministerio intergeneracional." La iglesia se ha convertido en la familia de Dios en una forma muy real."

UNA MANERA DE VIDA

Adelántate una década en la Iglesia York Alliance y los niños que una vez estuvieron en el Espacio para Niños ahora se están convirtiendo en adolescentes que están muy involucrados en la vida del grupo y la comunidad intergeneracional.

Muchos adolescentes han atravesado entrenamientos prácticos de grupos celulares y se han hecho responsables del liderazgo sus grupos. Ya no son sólo participantes, sino que ahora quieren asegurar el éxito en el futuro de sus grupos. En la iglesia como un todo, las barreras que alguna vez estuvieron ahí se han desvanecido. "Y francamente," dice Brian, "la razón por la que no hay resistencia es porque eso es todo lo que conocen." Y aún más emocionante es el creciente grupo de adultos jóvenes en la iglesia. Lejos de haberse ido de la iglesia, como muchas de las estadísticas predecían, los adultos jóvenes están profundamente conectados a la iglesia e incluso lideran a la iglesia hacia adelante. Veinticinco por ciento de los grupos están siendo liderados por personas de veinte y tantos, muchos de los cuales han crecido en el modelo celular intergeneracional.

Desde luego, aún hay muchos retos, como siempre habrá. Sin embargo, la decisión de tener células intergeneracionales es una de las que la iglesia nunca se ha arrepentido. Ahora es una manera de vida y las personas en verdad están promoviendo la visión a otros.

ENFOCÁNDOSE EN EL CORAZÓN

En un punto, la Iglesia York Alliance tuvo un pastor que preparaba los mensajes para el Espacio para Niños. Sin embargo, sintieron que esto era una réplica del modelo educacional. Ahora tienen un enfoque de tres puntos. El primer punto es el domingo, que está basado en un currículum, la enseñanza normal para niños.

El segundo es el foco de aplicación en los grupos celulares. El Espacio para Niños normalmente incluye la aplicación de la Biblia, la adoración, la oración, y juegos. El líder va a hablar con los niños acerca de su búsqueda de Jesús. "El foco está en el corazón", dijo Brian. Queremos asegurarnos de que cada niño conoce a Jesús y está creciendo en una relación personal con Jesús. "El objetivo es que el líder del Espacio para Niños sea auténtico, que procese la fe con los niños, y construya relaciones con los hijos.

La iglesia revisa los antecedentes personales de los que lideran a los niños y los líderes más nuevos siempre se agrupan con los más experimentados. La mayoría de los grupos rotan a los adultos para que enseñen a los niños, pero no obligan a los adultos a tomar un turno. Es voluntario. Siempre tienen dos personas que dirijan el Espacio para Niños—ya sea dos hombres o dos mujeres. "Lo vemos como un tiempo de unión entre los maestros mientras ministran a los niños", explica Brian. También hay mucho material disponible en la iglesia para las lecciones, ya que la Iglesia York Alliance ha estado teniendo células intergeneracionales durante quince años.

El tercer punto es el servicio cristiano. La Iglesia York Alliance tiene un alcance de niños los miércoles por la noche. La atención se centra en las familias con niños que quieran participar en proyectos de alcance. Unos doce niños asisten, junto con adultos voluntarios.

FLEXIBILIDAD

Aunque la Iglesia York Alliance prioriza grupos intergeneracionales, no pide a todos los adolescentes que estén en los grupos con sus padres. Los adolescentes pueden unirse a otro grupo intergeneracional. Cada líder tiene la libertad para desarrollar la conexión intergeneracional que funciona mejor para ese grupo en particular. El grupo del pastor Brian, por ejemplo, tiene varios niños muy pequeños, mientras que otros tienen niños mayores. La Iglesia York Alliance celebra la variedad entre los grupos de intergeneracionales, mientras entrena con cuidado a los líderes de cada grupo con el fin de asegurarse que los líderes están debidamente equipados y cuidados.

Pastor Brian admite que son todavía un trabajo en progreso. Sin embargo, cada vez más se están descubriendo los muchos beneficios del ministerio intergeneracional y están entusiasmados por el futuro.

CENTRO CRISTIANO LITTLE FALLS

En 1988 Harold Weitsz se hizo cargo de una iglesia de 385 personas cerca de Johannesburgo, Sudáfrica. En 1994 la iglesia había crecido a aproximadamente 600 miembros activos, pero había una gran necesidad de un sistema de atención adecuada aparte del método tradicional de pastoreo. Mientras estaba de visita como ministro cerca de Ciudad del Cabo, le presentaron el libro de Ralph Neighbour, *Y Desde Aquí, ¿Hacia Dónde Vamos?* que cambió la dirección de su ministerio. Weitsz se unió a un grupo de pastores de Sudáfrica que fueron a Singapur para escuchar a Neighbour presentar un curso de formación celular avanzado y para tener la experiencia de estar en la Iglesia Bautista Comunidad de Fe, la iglesia celular donde Neighbour y Lorna Jenkins estaban ministrando en ese entonces.

Hoy, Centro Cristiano Little Falls (LFCC por sus siglas en inglés) es una iglesia celular que asumió la transición por completo, con unas 3.000 personas, 300 grupos celulares, y docenas de nuevas iglesias. La iglesia imparte seminarios en todo el mundo y es un modelo inspirador para muchos. Su página web dice: "Con la implementación de grupos en casas, vimos el sistema de atención redirigido del Equipo Pastoral a las células en casas. Las células se convirtieron en los equipos de cuidado y el Equipo Pastoral se quitó un peso de encima para poder ocuparse de todos los entrenamientos y los problemas graves que no podía ser tratados por líderes celulares. La iglesia, literalmente, comenzó a agregar miembros nuevos diariamente."[37]

Una cosa que es menos conocido acerca del Centro Cristiano Little Falls es su compromiso con los niños en el ministerio celular y específicamente de sus grupos celulares intergeneracionales. En el Centro Cristiano Little Falls, los niños ministran a los adultos y los adultos a su vez ministran a los niños dentro de la célula. Los niños están incluidos en todo lo que la célula hace: el rompehielos, la oración, la alabanza y la adoración, el ministerio, la evangelización, caminatas de oración, y así sucesivamente. Los niños crecen y llegan a practicar una vida cristiana activa en el entorno celular.

La lección bíblica de los niños se lleva a cabo en subgrupos llamados Espacios para Niños, mientras que los adultos de la célula continúan su lección. Normalmente los niños que se unen a una célula son los hijos de los padres en esa célula, pero la célula no se limita a los hijos de esos padres.

El Centro Cristiano Little Falls considera que las células intergeneracionales cumplen de manera más completa el modelo bíblico para el desarrollo y crecimiento espiritual de los niños:

- Los niños ven a sus padres involucrarse en la vida cristiana (modelos a seguir).
- Los niños ven otros modelos de vida cristiana (otras personas dentro de la célula).
- Los niños pueden estar involucrados activamente en la adoración y servicio dentro de la célula.
- Las familias en la célula aprenden y se animan unas a otras.

- Las familias de padres solteros encuentran una familia extensa segura en Cristo.
- Nuevas familias que se unen a la iglesia entran a los grupos intergeneracionales juntas como una unidad familiar.

Los grupos intergeneracionales en el Centro Cristiano Little Falls animan a cada adulto en la célula a participar en ministrarles a los niños cada semana. Al igual que con la mayoría de los grupos intergeneracionales, diferentes adultos se turnan para dirigir el Espacio para Niños, pero no es obligatorio. Esto le da a cada adulto en la célula la oportunidad de conocer a los niños y ministrarles. Los niños se benefician de la célula al conocer a todos los miembros y respetarlos.

Se les suministra material a los padres a través del ministerio de niños de la congregación local. Sin embargo, es el líder del grupo celular quien es responsable de asegurarse que el Espacio para Niños se lleve a cabo.

Los anfitriones tienen el derecho de determinar las "reglas de la casa" para el comportamiento de los niños en su hogar. Todo el grupo celular tiene un *acuerdo de grupo* acerca de cómo el grupo celular debe comportarse y los niños son parte de ese acuerdo. Cualquier miembro de la célula puede recordar a un niño del acuerdo que hicieron como grupo.

Los niños de 4 a 12 años de edad participan en el Espacio para Niños. Los bebés y niños pequeños se sientan con sus padres, y se les pide a los padres supervisar a sus propios hijos. Después de los doce años de edad, se recomienda que el niño asista a las células juveniles, pero algunos adolescentes prefieren quedarse con sus padres en un grupo intergeneracional y esto está bien. Muchos prefieren un grupo celular de jóvenes, por lo que hay diferentes opciones.

Los niños, cuyos padres no están en el grupo celular pueden asistir al grupo, pero tienen que ser supervisados por una de las familias cristianas dentro de la célula de adultos. Aunque los adultos son los principales líderes del Espacio para Niños, a los niños mayores se les puede dar cierta responsabilidad en el Espacio para Niños como líderes juveniles.

Los grupos intergeneracionales funcionan mejor cuando todo el mundo sabe qué esperar y cada grupo sigue lineamientos acordados. Sin embargo, no son sólo los niños que necesitan seguir reglas particulares, los adultos también necesitan seguir directrices claras. Estas directrices son muy similares a las normas de grupos intergeneracionales que discutimos anteriormente.[38] Un aspecto único en el Centro Cristiano Little Falls es los lineamientos para los adultos:

- Responsabilizarse de sus propios hijos.
- Ser pacientes con los niños aun cuando estos sean difíciles de manejar.
- Hablar con los niños, ayudarles y tratar de entenderles.
- Apoyar las reglas del hogar impuestas por los anfitriones.
- Hablar con cualquier niño que rompa las reglas.
- Obtener el permiso del niño cuando se hable sobre él ante todo el grupo.
- Comunicarles a sus propios hijos cuando se le delegue autoridad a otro adulto.
- Involucrar a los niños en las actividades del grupo.
- No permitir que la reunión se alargue. Esto les da la oportunidad a los padres de llevar a sus hijos a casa.

Los grupos intergeneracionales en el Centro Cristiano Little Falls han sido muy eficaces a lo largo del recorrido, en parte porque el objetivo es compartir el evangelio. Para ello, cada miembro es animado a hablar con sus amigos y vecinos acerca de Jesús, con el objetivo de invitarlos al grupo intergeneracional. La iglesia no sólo moviliza a aquellos fuera de la iglesia, sino también a los que están dentro. El pastor Weitsz, por ejemplo, predica regularmente sobre los valores de la célula y la importancia de preparar a los niños en el ministerio celular desde una edad temprana. La iglesia también celebra reuniones con los padres para alentarlos a que lleven a sus hijos y a que se involucren.

El Centro Cristiano Little Falls multiplica las células intergeneracionales de la misma manera en que se multiplican sus otras células. Se anima a cada líder intergeneracional a invitar a los miembros del grupo para asistir al equipamiento del Centro Cristiano Little Falls con el objetivo de iniciar nuevos grupos. El líder del grupo intergeneracional, junto con el supervisor de cada célula, guía el proceso de multiplicación del grupo al permitir que los miembros adultos participen en diferentes aspectos del grupo intergeneracional, incluyendo impartir la lección.

ROBERT LAY Y LOS GRUPOS INTERGENERACIONALES

Desde 1998, Robert Lay y su ministerio, Ministerio Igreja em Células, ha capacitado a más de dieciséis mil pastores y líderes en los principios y valores de la iglesia celular. Después de muchos años de enseñar consistentemente los valores y principios, ahora hay grandes iglesias celulares sanas de muchas denominaciones en Brasil. Además de la enseñanza de los módulos, el ministerio de Lay ha añadido dos conferencias nacionales, cinco conferencias regionales, y ha traducido más de setenta libros de la iglesia celular al portugués.

El ministerio de Lay también ha desarrollado planes de estudio para grupos intergeneracionales. Lay hace hincapié en la importancia de la responsabilidad de los padres para la educación cristiana de sus hijos. Él cree que la estrategia de la iglesia celular está ayudando a las iglesias a cambiar su actitud hacia el ministerio de niños. Lay dice: "La tarea no es fácil. La iglesia está nadando río arriba y se le está haciendo difícil cambiar la cultura de hoy."

La lucha más grande, según Lay, es lograr que los padres participan en la educación cristiana de sus propios hijos. Para cambiar esta realidad, Robert Lay y su equipo imparten seminarios para los padres y para los maestros (facilitadores). "Lamentablemente," Lay dijo, "la mayoría de las iglesias no están dispuestos a invertir en esta área. Ellos no han despertado todavía a la importancia de invertir en el mejor liderazgo para el futuro de la iglesia, de nuestros hijos."

El material de Robert Lay tiene tres pilares:

- La iglesia los domingos
- La célula
- El hogar

El ministerio de Lay ha desarrollado siete años de planes de estudios para los niños que conectan el servicio de domingo, la célula, y el material devocional familiar enseñado por los padres. Para cada mes, hay un manual para ser utilizado en la iglesia, uno para la célula, y otro entregado a los padres para enseñar a los niños en casa.

La conexión de un tema bíblico a las tres esferas de la vida realmente lleva a casa la aplicación bíblica para el niño. El niño también se beneficia de la enseñanza del domingo, las experiencias narradas en la célula durante la semana, y de la interacción con los padres en casa. Ellos tienen manuales para todas las edades, desde niños de la guardería hasta la edad de doce años.

El material del domingo está adaptado alrededor de las clases para niños de divididas en edades, y los materiales ofrecen una amplia variedad de sugerencias para la interacción y la enseñanza dinámica. Todos los grupos de edad tienen la misma historia de la Biblia el domingo, de la cual se toma un principio fundamental. Ese mismo principio se refuerza en la célula y en el hogar, durante la misma semana.

A pesar de que hay muchas mega iglesias celulares en Brasil, la mayoría de las iglesias celulares son pequeñas y tienen solamente un servicio de celebración los domingos. Durante la celebración, los niños se retiran durante la predicación y se dividen en clases, de acuerdo a sus edades. Esas iglesias que son más grandes se pueden dividir en varias clases específicas de acuerdo a la edad y seguir utilizando el material con mayor especificidad a un grupo de edad determinado.

La sección sobre las células en el material de Lay está orientada hacia el grupo intergeneracional en el que los padres participan en el Espacio para Niños, cada uno tomando turnos para dirigir la lección. Lay piensa que los niños deben permanecer dentro de los grupos intergeneracionales y no ser separados de los padres. Él cree que la descripción del Nuevo Testamento de las reuniones de las iglesias en las casas muestra que los niños estaban involucrados con los adultos y todos ellos eran parte de la familia de Dios.

En la sección del material sobre el hogar, el manual cubre el mismo tema, pero ofrece sugerencias prácticas para que los padres tengan su tiempo devocional familiar. Lay enseña que los padres tienen la responsabilidad principal en el desarrollo de sus hijos, por lo que han diseñado un material para ayudar a guiar en el proceso. Los padres tienen más autoridad cuando pueden recordarle a los niños de lo que han aprendido el domingo y durante el grupo intergeneracional. El conocimiento previo de los niños permite la interacción más profunda entre padres e hijos.

Lay cree que el desarrollo de un ministerio de niños requiere flexibilidad, así como persistencia. Hizo hincapié en su bienaventuranza personal, "Bienaventurados los flexibles, porque no se romperán." "Nuestros materiales permiten adaptaciones y variaciones. El aspecto más importante, sin embargo, es que los padres se responsabilicen e involucren en el desarrollo de sus hijos."[39]

En la actualidad hay cientos de iglesias que utilizan estos materiales. Lay dijo: "Tenemos grandes testimonios de familias que se ven afectadas y transformadas positivamente. Mantenemos un canal abierto con las iglesias que utilizan nuestros materiales y escuchamos historias de transformación. Tenemos iglesias de todas las denominaciones que utilizan nuestros materiales."[40]

LA PRIMERA IGLESIA BAUTISTA EN CAMPO GRANDE, BRASIL

Situada al occidente en el estado de Mato Grosso do Sul (que limita Paraguay y Bolivia), Campo Grande es una ciudad bulliciosa de alrededor de un millón de personas. Cerca del centro de la ciudad está el campus de la Primera Iglesia Bautista de Campo Grande, dirigida por el pastor general Gilson Breder. Como pastor general durante los últimos veinticuatro años, Breder tiene la visión y pasión para alcanzar a los perdidos a través de la multiplicación de los grupos celulares, la plantación de iglesias, y el envío de misioneros. A partir de un único grupo celular de líderes, la iglesia ahora tiene 300 grupos y sesenta de estos grupos son grupos intergeneracionales.

Un aspecto único de los grupos intergeneracionales de la Primera Iglesia Bautista en Campo Grande es la participación de los niños en las misiones y actividades de alcance. Se anima a los niños en cada grupo intergeneracional a adoptar un misionero y orar regularmente por ese misionero. Los niños envían regalos creativos, ofrendas y cartas a los misioneros. Me di cuenta de un fervor misionero en la iglesia, y comenzó con los niños. Las misiones no son sólo algo que se lleva a cabo *allí*.

A los niños también se les anima a alcanzar a sus amigos y vecinos para Cristo. Neto, por ejemplo, sólo tiene seis años de edad, pero él habló les a todos sus amigos acerca de Jesús, y se convirtió en una curiosidad por su fe. Ellos querían saber acerca de Jesús, su iglesia, y cómo podían involucrarse. A medida que los amigos de Neto comenzaron a hablar con sus padres acerca de Jesús, los padres hablaron con los padres de Neto diciendo: "¿De qué está hablando su hijo?" Los padres de Neto les hablaron acerca de Jesús y los invitaron al grupo celular. Algunos llegaron a la célula, al servicio de celebración, y hasta fueron bautizados.

Isabella tiene diez años de edad. Jesús puso una pasión en su vida para servirle, y quería completar el entrenamiento, ser bautizada, y finalmente liderar su propio grupo celular. El problema era que sus padres no eran cristianos. Sin embargo, ellos vieron el cambio en su vida y querían lo mejor para ella. Isabella comenzó a tomar el equipamiento del martes que también la prepararía para el bautismo. Los padres se involucraron con la iglesia a través del cambio de su hija. Como dice en las Escrituras: "Un niño pequeño los guiará" (Is. 11: 6).

Al igual que en el caso de Neto e Isabella, Dios está usando células intergeneracionales no sólo para transformar a los niños sino también para llegar a aquellos que no conocen a Jesús. La mies es mucha y los obreros son pocos y Dios está usando a los niños en las iglesias como la Primera Iglesia Bautista en Campo Grande para recoger la cosecha.

La esposa de Pastor Gilson, Vashti, dirige el ministerio celular de los niños. La iglesia utiliza el material de Robert Lay y sus grupos intergeneracionales son similares a los de otras iglesias, ya que los adultos en las células intergeneracionales se turnan para dirigir el Espacio para Niños.

El pastor Aldezir, otro pastor asociado, ofrece capacitación a los padres que lideran el Espacio para Niños cada semana. Aunque el pastor Aldezir proporciona el entrenamiento, el líder de la célula es responsable de asegurarse que cada padre guíe a los niños a través del material. Les gusta tener dos adultos presentes para dirigir la parte de los niños del grupo celular. Un grupo celular normal intergeneracional en la Primera Iglesia Bautista en Campo Grande no dura más de dos horas y esto incluye un tiempo de comunión. Se pide que los recién nacidos y los menores de dos años se queden con sus padres dentro de la célula para adultos.

Me dijeron que la lucha más grande era conseguir que los adultos en la célula se determinaran a turnarse para dirigir el Espacio para Niños.[41] A veces los niños pequeños ayudan también. Hablé con Rachel, por ejemplo, que lidera el Espacio para Niños en la célula intergeneracional de sus padres. Ella tiene diez años. Ella reúne a los niños en una habitación separada durante el tiempo de la Palabra y les ministra a los niños más pequeños.

ESTRUCTURAS CREATIVAS

Los grupos intergeneracionales han sido parte del paisaje celular desde hace bastante tiempo. Se remontan hacia el Nuevo Testamento, pero en los tiempos modernos fueron creados por Ralph Neighbour y afinados por gente como Lorna Jenkins y Daphne Kirk. Iglesias con el modelo celular de todo el mundo están llevando a cabo grupos intergeneracionales con gran eficacia. Pero los grupos intergeneracionales no son la única manera de hacer discípulos de los niños a través del ministerio celular. Dios ha abierto un nuevo ministerio creativo para los niños en el mundo celular y uno de esos métodos innovadores es los grupos celulares *sólo para niños*, el tema que vamos a explorar en el próximo capítulo.

Capítulo 6

Grupos Celulares Sólo para Niños

En 2011, Iglesia Elim celebró veinticinco años de ministerio celular. Durante la celebración en el estadio a la que sólo los líderes celulares pudieron asistir—el padre de Marisol recibió una placa por ser uno de los líderes que han proporcionado liderazgo celular fiel e ininterrumpido durante veinticinco años.[42]

Marisol tenía apenas cuatro años cuando sus padres se convirtieron a través de una célula de Iglesia Elim y poco tiempo después, comenzaron a liderar su propio grupo celular en su casa. Marisol a una temprana edad se acostumbró al ambiente celular, y ella ni siquiera puede recordar un momento en que una célula no se reuniera en su casa. Marisol llegó a amar el entorno celular, llegando a estar cada vez más consciente que esta es la forma de llevar a cabo la iglesia del Nuevo Testamento.

A medida que pasaba el tiempo, Marisol comenzó a dirigir la oración y luego la alabanza en el grupo celular en casa de sus padres. A medida que pasó el tiempo, ella fue bautizada en agua en la iglesia.

A los dieciséis años comenzó a trabajar como líder de una célula sólo para niños y no ha dejado de ser líder de una por los últimos doce años. Hoy Marisol tiene veintinueve años de edad y todavía sigue dedicada a la enseñanza de niños en la célula y en el servicio de celebración. Ella ha sido mentora de muchas niñas que ahora son adultas e incluso dirigen sus propios grupos sólo para niños.

GRUPOS SÓLO PARA NIÑOS VS. GRUPOS INTERGENERACIONALES

Los grupos intergeneracionales se reúnen semanalmente fuera del edificio de la iglesia (normalmente en los hogares) al igual que los grupos intergeneracionales, pero los niños se reúnen por separado del grupo de adultos. En otras palabras, los niños no se mezclan con los adultos durante el rompehielos y la adoración, sino que tienen su propio tiempo para el rompehielos, la adoración, la lección, y el tiempo de comunión.

Los niños que asisten a grupos intergeneracionales normalmente llegan con sus padres al grupo, pero esto a menudo *no* es el caso con los grupos celulares sólo para niños. De hecho, la Iglesia Elim a menudo se centra en barrios densamente poblados, con el objetivo de iniciar grupos sólo para niños. Los asistentes provienen de sectores hacinados de ese barrio en particular.

Lo mismo ocurrió en Cusco, Perú, donde la Iglesia la Vid ha iniciado 400 grupos sólo para niños; muchos de ellos se reúnen completamente por separado de un grupo celular existente de adultos. Con grupos celulares sólo para niños, barrios llenos de niños pueden ser alcanzados sin necesidad de tener una célula de adultos completamente funcional.

A pesar que muchos grupos sólo para niños se reúnen en la misma casa que el grupo de adultos y, a menudo se reúnen al mismo tiempo, éste no es siempre el caso. En otras palabras, hay más flexibilidad al usar grupos sólo para niños.

Otra distinción clave es el liderazgo. En el grupo intergeneracional, el liderazgo es compartido. Los adultos se rotan para enseñar el Espacio para Niños. En los grupos sólo para niños, hay líderes dedicados que se consideran el líder de ese grupo celular en particular. Los grupos celulares sólo para niños son tratados como grupos celulares normales dentro de la iglesia. Tener a un líder de niños determinado también permite una mayor flexibilidad en dónde y cuándo el grupo se reunirá.

Al igual que los líderes de adultos, todos los que dirigen grupos celulares sólo para niños deben pasar por el equipamiento completo de la iglesia, al igual que los líderes de las células juveniles y de adultos. Al igual que todos los líderes, aquellos que dirigen células sólo para niños son entrenados a fondo y supervisados por el equipo de liderazgo de la iglesia.

El orden del grupo solo para niños es similar al de un grupo intergeneracional normal:

- Bienvenida
- Adoración
- Palabra
- Testificación

La diferencia radica en la bienvenida y el tiempo de adoración, ya que se enfocan en los niños, en lugar de en los niños y en los adultos, como en los grupos intergeneracionales. Debido a que el rompehielos se dirige únicamente a los niños, el líder puede enfocarse en temas asociados a niños. Él o ella puede decidir conectar el tema de la lección con el rompehielos.

Si la lección es sobre el perdón, por ejemplo, basada en cómo José perdonó a sus hermanos, el líder podría pedir a los niños representar la historia de José siendo rechazado por sus hermanos en Génesis 37: 12. El líder puede pedir a un niño hacer el papel de José al ir a sus hermanos para darles alimentos. Otros niños pueden hacer las partes de los hermanos. Dos niños pueden representar las partes de Rubén y Judá que trataron de salvar a José.

El líder puede entonces preguntar a los niños acerca de un momento en que no les comprendieron o alguien les trató de mala manera cuando trataban de ayudar. Las respuestas podrían conducir a orar unos por otros.

Ya que el tiempo de adoración en un grupo sólo para niños no es con los adultos, puede ser más orientado hacia los niños. Adorar, compartir testimonios, pedir oración podrían ser parte de la experiencia de adoración en un grupo sólo para niños. Algunas ideas para que los niños participan en la oración y adoración incluyen:

- Pedir que los niños compartan un momento cuando Dios contestó una oración. Alabar a Dios juntos por esas peticiones respondidas.
- Haga que cada niño ore por la persona a su lado, primero habiéndoles preguntado por qué necesitaban oración. El líder también debería pedirles una oración personal.
- Pedir a los niños pasar un momento en silencio para escuchar lo que Dios les quiere mostrar. Pedir después que cada niño comparta lo que Dios les mostró.
- Pedir a los niños elegir sus cantos de adoración favoritos; luego pedir que uno o más niños dirijan esos cantos.

El tiempo de la Palabra y el tiempo de testificar en una célula sólo para niños son los mismos que los de los grupos intergeneracionales. Si el grupo celular sólo para niños se está llevando a cabo al mismo tiempo y lugar que el grupo celular de adultos, los niños pueden compartir lo que aprendieron con los adultos durante el tiempo de refrigerio.

IGLESIA ELIM SAN SALVADOR

Hace varios años escribí un libro sobre Elim llamado *Pasión y Persistencia: Cómo los Grupos Celulares de Iglesia Elim Penetraron Toda una Ciudad para Cristo*. Noté tres palabras para describir esta iglesia: Pasión. Persistencia. Penetración. Elim tiene un compromiso con la pasión y la persistencia de penetrar en la ciudad a través de la multiplicación de los grupos celulares. La Iglesia Elim tiene un gran sistema celular, pero tienen más que sólo el sistema. Tienen una pasión contagiosa que hace que el proceso de discipulado funcione. Esta pasión se manifiesta en el compromiso de las personas de servir a Cristo y a los demás, incluyendo a los niños.

Un líder celular en Iglesia Elim debe tener un compromiso con Dios en primer lugar. En segundo lugar, el líder debe practicar la visión de penetrar una ciudad para Jesús al hacer discípulos que hacen discípulos. "La multiplicación es un triunfo porque significa alcanzar a más personas para Jesucristo", dijo el pastor Mario Vega. Con 110.000 personas en 9.000 grupos celulares semanales, la iglesia central en San Salvador es un ejemplo brillante de ministerio celular eficaz. Muchos han descrito la Iglesia Elim como un ejército conquistando territorio enemigo. Añadiría que se trata de un ejército apasionado, en lugar de una milicia fría y rígida. Las personas de Elim son apasionadas por Jesucristo y su amor por Jesús les anima a esperar grandes cosas de Dios e intentar grandes cosas para Dios. Muchas otras palabras y frases describen a Iglesia Elim: servidumbre, evangelización y liderazgo, pero ninguna de ellas describe el palpitar de Elim como lo hace la pasión.

RESCATANDO A LOS NIÑOS

Elim también tiene pasión y persistencia en salvar y discipular a los niños antes de que caigan en las garras de la actividad de pandillas. Juan, un niño de cuatro años de edad, vivía en un barrio muy pobre, plagado de crimen en San Salvador cuando empezó a asistir a un grupo celular de Iglesia Elim. El líder de la célula le preguntó a Juan lo que quería ser cuando fuera grande, y Juan respondió: "Yo quiero ser miembro de una pandilla." Pero las cosas han cambiado. Después de varios meses de experimentar los valores del amor y del Evangelio, Juan ahora dice que quiere ser bombero cuando sea grande.[43]

Elim está tratando de cambiar la cultura de El Salvador al involucrar activamente a los niños en las células, transformando así sus vidas con el mensaje del evangelio, y luego preparándolos para el liderazgo celular. Los grupos sólo para niños de Iglesia Elim no sólo están evangelizando a los niños, pero son también un lugar donde los niños sienten calor familiar y atención, algo que no han conocido o experimentado en sus propias casas. También ganan un propósito para sus vidas, basado en los valores eternos del reino.

Elim a menudo se orienta a las áreas de la ciudad plagadas de crimen con la esperanza de rescatar a los niños antes de que sean reclutados por pandillas. Jenny, por ejemplo, fue enviada para comenzar una célula infantil en una casa muy pobre en el centro de San Salvador. Una señora mayor y su nieto de ocho años de edad, Leonel, vivían en una casa pequeña y desordenada. Los niños del barrio llenaban la casa a rebosar cada semana. Jenny recuerda el desorden de la casa y la falta de espacio ya que los niños se ubicaban como les fuera posible en cada esquina para escuchar la Palabra de Dios, memorizar las Escrituras, adorar a Dios y orar juntos. El gallo de Leonel a menudo picoteaba a Jenny mientras ella daba la lección. A pesar de las dificultades, Jenny siguió adelante por el bien de los niños.

Jenny notó que Leonel estaba muy deprimido y a veces habló de no querer vivir más. Jenny le preguntó si algo andaba mal, pero Leonel siempre evitaba hablar de sus problemas. Con el tiempo, y después de hablar con la abuela, Jenny descifró la historia de Leonel. La madre de Leonel se embarazó a la edad de trece años por un miembro de la pandilla y entregó a Leonel a su abuela. El padre de Leonel tuvo que huir del país, y Leonel nunca supo de él. Sólo había visto una foto de él. Para sobrevivir, Leonel y su abuela intentaban vender plátanos asados en las calles de la ciudad.

La buena noticia fue que Leonel recibió a Jesús en la célula infantil y comenzó el proceso de discipulado semana tras semana. Memorizó los versículos y asistió fielmente a cada reunión. El humor de Leonel cambió dramáticamente, aunque a veces podía desanimarse a causa de las condiciones en las que vivía. Muchos de los vecinos de Leonel eran miembros de pandillas y Jenny sabía que él era vulnerable. Ella le dio a Leonel atención especial, orando fervientemente por que se mantuviese firme. Ella le pedía que le ayudara en la célula, lo que le hacía sentirse importante y necesario.

Leonel logró atravesar esos tiempos difíciles. Él tiene ahora diecisiete años y da testimonio de la gracia de Dios en su vida. "Antes no me importaba incluso vivir, pero ahora tengo un nuevo propósito en la vida", dice Leonel. "Jesús es mi prioridad ahora, y Él me ha ayudado a evitar los errores de aquellos que me rodean." Leonel ahora asiste a una célula juvenil de Iglesia Elim, así como a los servicios de celebración semanales. Actualmente está terminando la escuela secundaria y su sueño es estudiar ingeniería mecánica en la universidad. Es amable, respetuoso, y un trofeo de la gracia de Dios—alguien que fue rescatado por un grupo celular de Iglesia Elim en la oscura y rota ciudad de San Salvador.

EVANGELISMO Y EDIFICACIÓN

Los grupos sólo para niños de Elim son dirigidos por chicos de dieciséis años de edad o más. Estos brotan por toda la ciudad, donde sea que Iglesia Elim pueda encontrar un anfitrión dispuesto. Las células se celebran a menudo en la misma casa que la célula de adultos, pero los niños se reúnen en una habitación diferente y se separan de principio a fin, aunque los niños se pueden reunir con los adultos durante el tiempo de refrigerio. Muchos grupos sólo para niños se reúnen varias horas antes que el grupo de célula de adultos en la noche del sábado.

Normalmente, un miembro del equipo de liderazgo de la célula de adultos sentirá un llamado a liderar el grupo sólo para niños, pasará por la formación necesaria, y luego se convertirá en el líder del grupo sólo para niños.

Las células sólo para niños de Iglesia Elim funcionan muy parecido a las células de adultos. Al igual que los grupos de adultos, se promueve la participación y se hace hincapié en tanto la evangelización y la edificación. Hay un rompehielos inicial seguido de un tiempo para compartir lo que Dios está obrando en la vida de los presentes. Sigue un tiempo de confesión de pecados y de oración unos por otros. Adorar, compartir, y memorizar versículos bíblicos son aspectos clave de cada grupo. Después de esto, el líder imparte una lección interactiva. El líder trata de dramatizar la lección y que los niños participen para hacer la enseñanza más dinámica. Él o ella les recuerda a los hijos la necesidad de alcanzar y compartir el evangelio con sus amigos, familiares y vecinos. Le sigue el tiempo de refrigerio.

EJEMPLO DE UNA LECCIÓN DE CÉLULA INFANTIL DE IGLESIA ELIM

Bienvenida y Oración Inicial

Adoración a Través de la Alabanza (10 Minutos)

La Ofrenda de la Viuda

Rompehielos (10 Minutos)

- ¿Por qué es importante dar ofrendas al Señor?
- ¿Puede solo la gente rica ofrendar?
- ¿Le importa a Dios la cantidad de la ofrenda?

Lección: Marcos 12:41-44

Buscando en las Escrituras (10 Minutos)

- ¿Dieron mucho los ricos en sus ofrendas? (v. 41)
- ¿Qué dijo Jesús sobre la ofrenda de la viuda? (v. 43)
- ¿Qué dijo Dios sobre la ofrenda de los ricos? (v. 44)

Enseñanza (10 Minutos)

1. *LA OFRENDA DE LOS RICOS.* Al estar Jesús junto al lugar donde la gente estaba poniendo sus ofrendas, se dio cuenta de cómo los ricos estaban dando grandes cantidades de dinero. Lo más probable es que las personas que los veían estaban admirando las grandes cantidades de dinero que los ricos estaban dando. Sin embargo, Dios no se impresiona por la apariencia externa. Él ve lo que está pasando en el corazón. Es más importante para Dios lo que está sucediendo dentro de nosotros que el aspecto exterior.

2. *LA OFRENDA DE LA VIUDA.* Jesús vio a una pobre viuda que dio unas pocas monedas. A pesar de que tenía tan poco para dar, ella en realidad le dio más que todos los ricos.

La viuda dio con sacrificio de lo poco que tenía para vivir, mientras que los ricos dieron el dinero extra que no requería mucho sacrificio.

3. *LO QUE DIOS VE.* Jesús explicó a sus discípulos que los ricos sólo dieron de su abundancia, pero que la viuda dio todo lo que tenía. Ella dio el dinero que utilizaba para comprar comida para vivir. Ella dio de su corazón, pero los ricos sólo dieron lo que podían permitirse el lujo de dar.

En Resumen: Lo que sucede en nuestro corazón es lo más importante para Dios. Dios no está tan preocupado por lo que hacemos como por qué lo hacemos. Las grandes cantidades de dinero no impresionan a Dios; lo que impresiona a Dios es la motivación de nuestro corazón. Piensa en cómo ve Dios tu corazón. Para agradar a Dios, una persona debe recibir a Jesucristo como Salvador y Señor. Él sabe si una persona ha hecho esto con sinceridad o simplemente para dejar una buena impresión. Recibe a Jesús con toda sinceridad.

Aplicación (5 Minutos)

¿Hay momentos en los que haces lo correcto por las razones equivocadas?

¿Cuándo te importa más cómo te ven los demás que cómo Dios ve tu corazón?

¿Cuáles son las cosas que haces para impresionar a otros y cómo puede cambiar tu corazón para que, al contrario, desees más lo que Jesús tiene para ti?

¿Cómo puedes ser generoso y dar a Dios sacrificadamente en lugar de sólo darle lo que ya no necesitas?

Invitación Para Reecibir a Jesús

Memorización: Marcos 12:44 (10 Minutos)

Ofrenda y Oración Final (5 Minutos)

PREPARACIÓN PARA LIDERAZGO

El pastor Mario tiene una pasión por discipular a la siguiente generación y transformar a las pandillas de la calle en trabajadores de la cosecha para Cristo, pero también sabe que necesita líderes equipados y competentes para hacer el trabajo. Puede parecer paradójico, pero el entrenamiento de Elim para los líderes de células infantiles es más extenso que la capacitación para los líderes de células de adultos.

Es decir, todos los líderes celulares (adultos, jóvenes o niños) deben pasar por el equipamiento normal de seis meses, que se materializa en el libro, *La Ruta de Equipamiento*. El folleto contiene veintiséis lecciones que cubren doctrina básica, cómo orar, el bautismo, la tentación, y la forma de dirigir un grupo celular.[44] A menos que haya problemas de carácter, la persona que completa el equipamiento de seis meses es capaz de liderar un grupo de células juveniles o de adultos o al menos formar parte de un equipo de liderazgo.

Sin embargo, para dirigir un grupo celular sólo para niños, se requieren ocho meses adicionales de entrenamiento. Así que toma catorce meses para dirigir un grupo sólo para niños, pero sólo seis meses para dirigir un grupo celular normal de adultos. Los cursos adicionales para los líderes de grupos sólo para niños incluyen:

- Teología bíblica de la niñez
- Educación de la niñez
- Niños y adolescentes con traumas y adicciones
- Política de protección para los niños
- Cómo enseñarles a los niños (pedagogía)
- Métodos dinámicos de enseñanza
- Identificando el abuso infantil

Debido a que muchos de los niños de los grupos sólo para niños viven en barrios infestados de pandillas en El Salvador, los líderes celulares están preparados para detectar y hacer frente a las adicciones infantiles, trauma y abuso infantil. Los líderes son entrenados para asegurarse de que las actividades dentro de las células y las lecciones sean dinámicas, divertidas y rápidas, sobre todo porque muchos de los niños tienen niveles más bajos de educación y poca capacidad de atención.

Los líderes celulares también saben que uno de sus principales objetivos es crear un sentido de amor, aceptación y pertenencia en el grupo celular, algo que los niños no tienen en sus propios hogares. De esta manera, las células sólo para niños en Elim están creando un sentido de familia, amor, camaradería, y una alternativa clara a las insidiosas pandillas que son muy comunes en todo San Salvador.

CÉLULAS SÓLO PARA NIÑOS EN LA PRIMERA IGLESIA BAUTISTA DE CAMPO GRANDE

Conocimos a esta iglesia dinámica y creativa en el capítulo anterior y señalamos que sus sesenta grupos intergeneracionales se centran en las misiones y actividades de alcance en una ciudad de un millón de habitantes.

La Primera Iglesia Bautista de Campo Grande también permite a los adolescentes dirigir células sólo para niños, siempre y cuando un adulto esté presente. El adulto es el responsable final, pero el adulto en realidad no dirige estos grupos—las células sólo para niños son dirigidas por niños mayores o adolescentes.

El equipamiento de liderazgo del martes por la noche está dirigido a niños mayores (11-12) y algunos niños de trece años, como Gabriel, que se dedica a dirigir un grupo de células sólo para niños (más sobre el equipamiento en la Primera Iglesia Bautista de Campo Grande en el capítulo 7).

La Primera Iglesia Bautista de Campo Brande ha desarrollado una estructura de entrenamiento de primera para el ministerio de sus niños. Tienen a varias personas a tiempo completo que entrenan a los supervisores que a su vez entrenan a los que dirigen grupo celulares sólo para niños. Aquellos que entrenan a los líderes—tanto pastores como supervisores—hacen mucho entrenamiento uno por uno, visitan los grupos celulares y también reúnen a los líderes en reuniones más grandes de entrenamiento los martes por la noche. Después del tiempo de equipamiento las noches de martes, el personal, los supervisores y los líderes se reúnen para hablar de los avances de los grupos sólo para niños. Los supervisores ayudan a los líderes más jóvenes a facilitarles la siguiente lección, practicar dinámicas efectivas para grupos pequeños y crecer como discípulos de Jesucristo.

Gabriel, por ejemplo, ya ha pasado por el equipamiento, pero todavía asiste a la reunión del martes para recibir ayuda en su lección celular, ánimo en general y ayuda en áreas específicas. Aunque la iglesia le da la lección y repasa los puntos principales, Gabriel se da cuenta de que él es el responsable de la lección y del grupo sólo para niños en general. "Yo hago ajustes a la lección celular para adaptarse a las necesidades de mi propio grupo," me dijo Gabriel. "Quiero asegurarme de que estoy ministrando de acuerdo a sus necesidades."

Gabriel ha multiplicado su grupo sólo para niños tres veces desde que ha estado a cargo, aunque la célula en sí se ha multiplicado siete veces. Un adulto, a quién Gabriel rinde cuentas, se sienta en la célula con él a ayudar a que los padres que envían a sus hijos se sientan más seguros.

Gabriel toca la guitarra, por lo que dirige al grupo en adoración. "Pero yo no quiero hacer todo", me dijo. "Trato que los demás dirijan el rompehielos, la oración, y otras actividades en el grupo." La célula de Gabriel se reúne semanalmente en la misma casa, pero no está conectada a otro grupo de células. Más bien, unos padres de la Primera Iglesia Bautista de Campo Grande han abierto su casa para el grupo de Gabriel. La Primera Iglesia Bautista de Campo Grande prefiere tener más o menos una "ubicación permanente", para que los que asistan sepan dónde ir cada semana. A los trece años de edad, Gabriel es el mayor del grupo, pero no por mucho. Los otros niños que asisten tienen entre cinco y doce años.

Le pregunté a Gabriel si quería ser un pastor, y él me dijo que no estaba seguro. Sus padres rápidamente intervinieron, "Queremos que Gabriel sepa cuál es el llamado de Dios para él, ya sea ser un médico, profesor, dentista, o pastor."

Laura, una niña de doce años de edad, es otra adolescente en la Primera Iglesia Bautista de Campo Grande que lidera un grupo sólo para niños. Sus padres son cristianos y se criaron en la iglesia. Ella es muy tímida, pero ella ha sido una parte integral de un grupo desde hace bastante tiempo. A medida que ella participaba en todos los aspectos de su grupo, se dio cuenta de que podía dirigir uno. Sus padres la animaron a ir al equipamiento del martes.

A medida que Laura invitaba a niños al grupo sólo para niños, el grupo comenzó a crecer. Ella trajo a cuatro amigos al grupo, y el grupo se multiplicó. Una de esos amigos, Laureen, recibió a Jesús, y se convirtió en una fuerte seguidora de Jesús. Laura le enseñó a Laureen sobre la importancia de la vida devocional, de cómo mantener una actitud piadosa, y cómo compartir con los demás. Ahora ambas Laura y Laureen van a la noche de equipamiento del martes, aunque los padres de Laureen aún no son creyentes. Los padres le permiten a Laureen asistir al grupo sólo para niños y al equipamiento del martes ya que han visto un cambio tan dramático en su vida. A ellos les gusta lo que ven y no quieren obstaculizar la obra de Dios.

IGLESIA MISIÓN CRISTIANA PARA EL MUNDO EN BARQUISIMETO, VENEZUELA

Barquisimeto, Venezuela es el hogar de una emocionante iglesia celular llamada MCM (Misión Cristiana para el Mundo), que conocimos en un capítulo anterior. Los apóstoles Keison y Belkis Carrillo son los fundadores y pastores principales. Keison fue parte de la revolución que llevó a Chávez al poder, y tiene tres balas en su cuerpo que lo demuestran. Desde que Keison y Belkys comenzaron la iglesia en 2002, ésta ha crecido hasta 5.000 personas y 500 células. Los principales pilares de la iglesia son:

- Crecimiento de la iglesia
- Ayudar a los pobres
- El ministerio de niños

De las 500 células, 250 son células sólo para niños.[45] Sus células de adultos son una combinación de parejas, solteros, y jóvenes, mientras que las células de niños son células sólo para niños.

Keison captó la visión para las células de los niños al visitar Gales y ver todos los edificios vacíos. "Esta es la tierra del avivamiento", pensó, "y ahora hay sólo edificios vacíos. Si no somos capaces de preparar a los niños, nosotros mismos tendremos edificios vacíos." Dios le indicó que debían centrarse en los niños en todo lo que hacen.

Me quedé sorprendido por las pinturas de arte originales que decoraban los salones de clase de los niños. Aquellos que visitan el servicio de celebración tienen el placer de admirar las historias del Evangelio pintadas en las paredes. La iglesia entera parecía adaptada para equipar a los niños de Venezuela.

Todos los líderes—adultos, jóvenes y adolescentes, deben completar el programa de equipamiento de discipulado que incluye:

- Retiros de encuentro
- Doctrina Cristiana básica
- Cómo liderar a un grupo celular efectivo

Un punto que el pastor Keison destaca es que los niños realmente les ministren a otros niños. El domingo, a menudo les permiten a los niños tomar parte de la lección o dirigir la adoración. Les gusta hablar de que los niños les prediquen el domingo a otros niños. La convicción que los niños tomen parte en el ministerio es derramada sobre los grupos sólo para niños, que a menudo son dirigidos por niños entre las edades de 10 a 14 años de edad.

Entrevisté a varios adolescentes que me comentaron cómo terminaron el equipamiento y cómo ahora están tomando toda la responsabilidad de visitar, preparar la lección, y pastorear su grupo sólo para niños. Al hablar con tres niños (11-12 años) que dirigen grupos sólo para niños, me quedé sorprendido por su celo por Jesús. Estaban entusiasmados por servirle, practicar las disciplinas espirituales, visitar a los niños en sus células, e incluso predicar el evangelio en sus vecindarios. Me sentí como si estuviera hablando con adultos jóvenes o por lo menos, los líderes juveniles maduros.

Los grupos sólo para niños se reúnen en las casas de los adultos para ofrecer seguridad y protección. Siempre tienen un adulto presente para resguardarse de cualquier abuso u otro tipo de problemas. El personal del ministerio de niños prepara el material de la célula, que está conectado a la lección del domingo. La Iglesia Misión Cristiana para el Mundo hace un trabajo excelente en conectar el tema de la escuela dominical con el material para los grupos sólo para niños. Su ministerio celular de niños se ha vuelto tan fructífero que ahora tienen conferencias sobre cómo desarrollar y hacer crecer el ministerio de grupos sólo para niños en otras iglesias.

IGLESIA LA VID

La Iglesia la Vid comenzó en 1999 con sesenta creyentes reunidos en la ciudad brasileña de Goiania, situada en el centro oeste de Brasil. Aluisio da Silva y Marcelo Almeida son los co-fundadores de este creciente movimiento mundial.

Aluizio supervisa el trabajo en Brasil y Marcelo supervisa el trabajo de la Iglesia la Vid en el extranjero (Europa, África y América del Norte/Sur). La iglesia ha crecido hasta convertirse en una red de 800 iglesias con 45.000 creyentes adultos en la iglesia central en Goiania. La iglesia central tiene unas 5.000 células, que son una combinación de células de adultos, células juveniles, y células infantiles. Un apasionante aspecto, único de esta iglesia es su énfasis y compromiso con el ministerio celular de niños.[46]

CRECIMIENTO DE LAS CÉLULAS DE NIÑOS

En 1999, Marcia Silva, la esposa de Aluizio, oró y ayunó por el propósito de Dios y el diseño de su propio ministerio en la iglesia. Sintió como Dios la llamaba para ministrarles a los niños y que Dios quería que lo hiciera a través de los grupos celulares.

Al mirar a su alrededor, se dio cuenta de que había muy pocos modelos celulares para niños que seguir. Ella recibió una profecía ese mismo año, diciéndole que siguiera la dirección de Dios, y que Él le daría una nueva dirección, un nuevo camino a seguir. Ella abrió su primer grupo sólo para niños y vio cómo Dios prosperaba el ministerio. Para el año 2000 había cuarenta y dos grupos sólo para niños y 190 niños en las células. La iglesia ya había comenzado la transición al modelo celular, por lo que las células se convirtieron en una parte importante desde el principio.

Dios le dio una creciente convicción de que los niños eran miembros del cuerpo de Cristo y, a menudo no se les daba la debida importancia, y Dios confirmó su dirección ayudándola a multiplicar el número de células sólo para niños a las actuales 10.000 con 100.000 niños que asisten a estos grupos celulares en todo el mundo.[47] Sólo en la iglesia central, hay unos 2.000 grupos sólo para niños con 20.000 personas que asisten a ellos.[48]

NIÑOS RADICALES

Llaman a su red de niños "Niños Radicales." Marcia y su equipo han ido más allá para comprender los valores detrás del ministerio celular de niños y los tres más importantes son:

10. Dios es un Dios de generaciones. Él no es sólo el Dios de Abraham, sino también de Isaac, Jacob, y de todos los que después creerían en Jesús. Él está interesado por que cada generación gane la próxima generación. Dios ha llamado a la Iglesia a pasar la batuta de la fe de manera segura a la siguiente generación, lo que significa ganar a los niños de la generación actual quienes a su tiempo ganarán a su propia generación.

11. Los niños son parte del cuerpo de Cristo. Si son parte del cuerpo de Cristo, no deben ser descuidados u olvidados. La iglesia no les debe dar menos atención porque son pequeños e indefensos. El único requisito para ser parte del cuerpo de Cristo es creer y nacer de nuevo, y los niños son un ejemplo de fe sencilla y sincera.

12. Entrenar discípulos que ganen la próxima generación comienza con los niños. El proceso de discipulado comienza cuando son niños. La iglesia tiene que pensar en el futuro y comenzar de inmediato para preparar discípulos que hacen discípulos. Esto significa concentrarse en los niños.

La Iglesia la Vid cree que los niños están mejor preparados para convertirse en discípulos en el entorno del hogar, al igual que los adultos. También se dan cuenta de que nunca alcanzarán a la multitud, al exigir que los niños lleguen al edificio de la iglesia. Más bien, la Vid lleva a sus grupos sólo para niños a los vecindarios.

La Iglesia la Vid tiene un creciente número de testimonios de aquellos que han nacido de nuevo en una célula sólo para niños, han sido entrenados a través del ministerio de niños, y ahora sirven a tiempo completo en el ministerio como pastores y misioneros. Juan Pablo Alves es un ejemplo. Él aceptó a Jesús cuando tenía once años de edad en un grupo sólo para niños. Sus padres lo habían estado llevando al grupo sólo para niños desde que tenía cuatro años de edad.

Luego fue a un retiro de Encuentro para niños y Dios lo tocó de una manera poderosa. Él fue sanado de su bronquitis. Cuando cumplió doce años, fue bautizado en agua y comenzó el Curso de Madurez Espiritual. Se convirtió en un líder de un grupo de una célula juvenil, que se multiplicó tres veces. Entonces comenzó a entrenar a cuatro líderes celulares.

En el proceso, Dios puso un llamado en el corazón de John para convertirse en pastor. Recibió varias confirmaciones proféticas, y en 2011 comenzó el equipamiento de la iglesia para los futuros ministros. A través del equipamiento, Dios amplió su visión y después de dos años se convirtió en pastor en la iglesia que supervisa una red de grupos de células juveniles.

John tiene ahora veintitrés años y es uno de los muchos pastores y misioneros que fueron discipulados a través del ministerio de niños y ahora están en el liderazgo pastoral. La Iglesia la Vid está determinada a preparar a la próxima generación de líderes de la iglesia, comenzando con los niños.

LÍDERES DE CÉLULAS FEMENINAS

Las esposas de los pastores en las Iglesias la Vid se movilizan para ayudar en el ministerio de los niños. La iglesia prefiere que las mujeres dirijan los grupos sólo para niños, aunque también tienen algunos líderes varones de grupos sólo para niños. Ellos no se oponen a que los hombres dirijan los grupos celulares sólo para niños, pero han encontrado que las mujeres líderes son más fácilmente aceptadas en la sociedad brasileña, y los padres se sienten más cómodos cuando las mujeres están liderando los grupos. En su cultura, la gente suele saltar a conclusiones acerca de los hombres que trabajan con niños, en el supuesto de que son más propensos a abusar de ellos.

ENTRENANDO REDES

Los líderes de las células sólo para niños son normalmente las esposas de los líderes de la célula de adultos. La esposa del pastor de la iglesia local es la pastora responsable de la red de células y líderes sólo para niños, así que ella hace una red de entrenamiento para todos los que están liderando los grupos sólo para niños. Dependiendo del tamaño de la iglesia, la esposa del pastor podría tener personal adicional a tiempo completo bajo su cargo o supervisores voluntarios de los líderes celulares. La esposa del pastor, por lo tanto, es responsable de hacer la red de líderes celulares sólo para niños y para asegurarse de que estén debidamente entrenados.

El entrenamiento de los líderes sólo para niños se lleva a cabo semanalmente. La Iglesia la Vid utiliza el nombre de *discipuladores* para los que están entrenando a los líderes de células de mujeres. En las reuniones de entrenamiento semanales (reuniones de discipulado), el supervisor orará con el líder, hará preguntas acerca de la vida del líder, y repasará cualquier problema en la célula. Estas reuniones de discipulado aseguran que el líder no esté por su cuenta, sino que tenga un lugar donde recibir aliento y consejo. Una vez al mes, los discipuladores repasarán los informes de las células para asegurar la calidad de los grupos.

Aparte del tiempo de discipulado-entrenamiento semanal, los líderes de células infantiles también tienen un tiempo de comunión en el grupo celular. La esposa del líder de la célula de adultos normalmente dirige el grupo sólo para niños, por lo que tiene su tiempo de comunión con otros adultos durante el tiempo del refrigerio.

CÓMO SE VE UNA CÉLULA SÓLO PARA NIÑOS

Los grupos sólo para niños se reúnen en casas y, normalmente, en la misma casa donde se reúne una célula adulta, pero en una habitación diferente en la casa. Los padres pueden llevar a sus hijos a la misma casa en la que ellos se reúnen, lo que ayuda a criar confianza. De hecho, normalmente, los grupos sólo para niños nacen de los grupos de células de adultos. En un momento dado empezaron a abrir grupos sólo para niños aparte de los grupos de adultos, pero descubrieron que simplemente no funciona tan bien, ya que muchos niños dependen de los adultos para llevarlos a la reunión celular.

A diferencia de los grupos intergeneracionales, los niños no se reúnen con los adultos durante el rompehielos y la adoración. Se reúnen de inmediato en su propio grupo celular. Los niños muy pequeños (0-3) permanecen con sus padres en el grupo de adultos. Los que son de 4 a 12 años de edad asisten al grupo sólo para niños. Me comentaron que a menudo hay de 15 a 20 niños presentes en las células sólo para niños.

Los grupos sólo para niños son muy dinámicos, interactivos y llenos de adoración. La Iglesia la Vid tiene todo un departamento que prepara los materiales para los líderes y ofrece folletos para cada líder. El tema de la lección se basa en la enseñanza general del domingo de la iglesia, pero ha sido adaptada para los niños.

A los niños también se les enseña a alcanzar a los inconversos, orar por los enfermos, y vivir la vida cristiana frente a sus amigos y familiares. En una célula, se les pidió a los niños orar por una madre embarazada que estaba en peligro de perder a su bebé. Los niños conocían a esa madre e insistieron en visitar a la madre e imponer manos sobre ella. Mientras lo hacían, la madre y el bebé por nacer fueron sanados de inmediato.

Los niños y los adultos por lo general se reúnen al final de la célula para el refrigerio y el tiempo de comunión. Debido a que la líder de la célula sólo para niños es a menudo la esposa del líder de una célula de adultos, ella tiene contacto con todos en el grupo.

EQUIPANDO A LOS LÍDERES DE CÉLULAS SÓLO PARA NIÑOS

La Iglesia la Vid pide que los líderes sólo para niños tengan al menos dieciséis años de edad. Aunque la mayoría de los que trabajan con niños son mujeres adultas, unas cuantas personas jóvenes del ministerio juvenil participan como líderes en las células sólo para niños.

La Iglesia la Vid sólo tiene un equipamiento para todos los que dirigen grupos celulares, ya sean células de adultos, células juveniles, o células sólo para niños. El ministerio de niños fue muy cuidadoso desde el principio de no crear una estructura diferente para aquellos que quieran ser líderes de niños.

El primer paso es un retiro de Encuentro. En la iglesia central en Goiania hay un Encuentro cada fin de semana. El encuentro comienza el viernes y termina el domingo. Las personas son salvas, liberadas del pecado, sanadas, y llenas del Espíritu. El domingo, las personas dan testimonio de cómo Dios ha cambiado sus vidas. A continuación, la persona pasa por el resto del equipamiento. Lo llaman el Camino del Ganador. Los pasos son:

1. Retiro de Encuentro
2. Curso Agua Viva

3. Bautizo
4. Curso de Consolidación
5. Curso de Madurez Espiritual
6. Curso de Entrenamiento de Líderes

Se anima a todos los que están en la iglesia a tomar todo el equipamiento, y completar el equipamiento es un requisito para el liderazgo. La Iglesia la Vid tiene la misión de desarrollar un ejército de líderes que puedan cambiar al mundo, empezando por los niños. Se alienta a cada líder de célula infantil a desarrollar un equipo de líderes para que el proceso de multiplicación pueda continuar.

NIÑOS DOMINICALES

En el servicio de celebración dominical, todos los niños adoran juntos a través de la alabanza, el drama y la enseñanza general. Los niños ven y escuchan la historia actuada en el drama. Luego tienen la enseñanza por edades en las aulas. La enseñanza del domingo también se aplica en el grupo sólo para niños. Los niños tienen la misma enseñanza que los adultos, pero en su propio nivel.

Una vez al año tienen una gran actividad para celebrar el ministerio de niños. ¿Cuál es el propósito de esta actividad? El estímulo y la visión. Debido a que hay Iglesias la Vid en todo Brasil, muchas de las iglesias son pequeñas. Cuando los líderes de las iglesias más pequeñas ven todo lo que Dios está haciendo, se sienten animados a seguir adelante con el ministerio de niños. Unos 10.000 líderes vienen a este evento cada año. Las mujeres se ven a sí mismas como parte de un panorama más grande.

El ejemplo de la Iglesia la Vid se está extendiendo a muchas iglesias en Brasil. A medida que crecen y ven vidas siendo transformadas, muchos quieren que la Iglesia comparta lo que ellos están haciendo y cómo lo están haciendo. Otros les están siguiendo.

CAMBIANDO VIEJOS PARADIGMAS

Una de las principales dificultades que enfrenta la Iglesia la Vid es la mentalidad que el ministerio de niños no es tan emocionante como otros ministerios. Gabriella, una de las líderes del equipo que supervisa el ministerio celular de los niños en todo Brasil, dijo: "La vieja mentalidad es que las esposas no quieren trabajar con niños. No hay recompensa en eso. No es algo emocionante. Nosotros, en la Vid estamos rompiendo esa mentalidad. "Muchas mujeres se están dando cuenta de que los niños son el futuro, y que deben ser discipulados antes de convertirse en adultos. Las iglesias de la Vid están conscientes que están influyendo en muchas otras iglesias en el ministerio de niños. Ellas están ayudando a las iglesias de todo el mundo a dar prioridad a los niños en el proceso de discipulado.

Otra frase frecuentemente escuchada fue: "Simplemente no tenemos suficientes líderes." Si bien el desarrollo del liderazgo es siempre un problema, la Vid descubrió que los obreros de la cosecha son procedentes de la cosecha misma. A medida que los niños crecen, completan el equipamiento, y se convierten en jóvenes, muchos están comenzando a liderar grupos sólo para niños. Ellos también están descubriendo que más mujeres están alcanzando la visión de discipular a los niños.

LA VID EN CUSCO, PERÚ

En la década de 1990 Cusco, Perú era conocido como el cementerio de misiones e iglesias. Agencias de misioneros invirtieron mucho dinero en Cusco, pagando así los sueldos de los pastores nacionales durante años. Pero cuando los fondos extranjeros se agotaron, los pastores se fueron, y las iglesias murieron.

La Iglesia la Vid es diferente. Es completamente indígena, tiene 900 grupos de células (500 células familiares y 400 células sólo para niños), con un personal de once pastores, y cincuenta iglesias plantadas.[49] La Vid en el Perú está íntimamente ligada a la Iglesia la Vid en Brasil. A medida hablaba con los pastores en el personal, me di cuenta de que cada uno de ellos trabaja bajo la misma progresión:

- Convertido en la célula
- Miembro de la célula
- Parte del equipo de liderazgo celular
- Líder de célula
- Líder de multiplicación
- Supervisor
- Líder de red
- Parte del equipo pastoral

En otras palabras, a nadie que no se haya desarrollado de forma natural en el sistema celular se le pide ser parte del personal. Le pregunté a Luis Alberto, el pastor principal, "Así que, ¿los que son fructíferos en la multiplicación de las células son quienes llegan a ser parte de su equipo pastoral?" Él respondió: "El ser fructífero es una forma. Sin embargo, también queremos asegurarnos de que el líder sea piadoso, tenga un llamado a ser pastor, y tenga la actitud correcta."

Me impresionó que la mayoría de los pastores tenían de veinticinco a treinta años de edad y estaban completamente dispuestos a permanecer en la iglesia central o a plantar una Iglesia la Vid. Se hizo evidente que Dios está usando el sistema celular en la Vid para cambiar la cultura de "cementerio" de Cusco en una explosión de obreros de la cosecha.

Sus células de adultos se componen principalmente de parejas casadas, aunque es posible tener a una mujer o a un hombre soltero que dirija una célula mixta. También tienen células juveniles mixtas, dirigidas ya sea por un hombre o mujer. Los grupos celulares sólo para niños, sin embargo, son el segmento de más rápido crecimiento de los grupos de la iglesia.

Las células sólo para niños son dirigidas por mujeres adultas—y específicamente aquellas mayores de dieciséis años. Jenny, la esposa del pastor es la pastora de los líderes sólo para niños. Ella tiene dos supervisoras adicionales que le ayudan a dirigir el ministerio de niños. Las supervisoras son esposas de pastores en el personal.

Sólo las mujeres dirigen las células sólo para niños, y normalmente, las esposas son quienes se movilizan para dirigir este importante ministerio. Ellos creen que las mujeres tienen más influencia sobre las células sólo para niños porque el liderazgo masculino se percibe como que tiene un problema potencial de abuso infantil. Después de la escuela, las células sólo para niños son mucho más aceptables cuando los padres saben que las mujeres los dirigen.[50] Ellos insisten en que todos los grupos sólo para niños tengan dos líderes.

Los grupos sólo para niños se reúnen semanalmente por toda la ciudad en diferentes barrios. Si no pueden encontrar un hogar que acoja la célula, se reúnen en parques u otros espacios disponibles. Los asistentes a las células tienen de 3 a 12 años de edad. Cada grupo determinará cuándo se reunirán durante la semana. Se anima a los niños a invitar a sus amigos y vecinos. Cuando la célula se vuelve demasiado grande, se multiplica.

Los grupos siguen el material para niños de la Iglesia la Vid en Goiania, Brasil. Hay un tema general para el mes, que se utiliza tanto en la célula como en el servicio de celebración. Los grupos celulares comienzan con un rompehielos, luego, adoración, un tiempo de clase basado en el mensaje del pastor, tiempo de testificación, y los anuncios, al igual que la iglesia central en Brasil. El tema para el grupo se expone en el servicio de adoración del domingo, donde los niños pueden disfrutar de un drama, danza, y la enseñanza. Animan a los servicios dominicales de niños a ser muy interactivos. Ese mismo tema se aplica entonces en el grupo celular. Tienen la ayuda del pastor de los niños para que esto suceda. Por lo tanto, hay armonía en el tema del servicio de celebración y de la célula.

Todos los líderes de los grupos sólo para niños deben pasar por el programa de equipamiento, al igual que los adultos. Para tomar el equipamiento, la persona debe estar en un grupo celular y ser recomendado por el líder. Ellos siguen el mismo equipamiento que la iglesia central utiliza en Goiania, Brasil.

LA VID EN INGLATERRA

Giles Stevens, pastor principal y fundador de la Iglesia la Vid en Inglaterra, nació en Gran Bretaña y ha trabajado extensamente en Asia, Europa y América del Sur. Como hijo de un oficial del ejército británico, él fue criado en Hong Kong, Rusia y Alemania, y varios lugares del Reino Unido. En 2005 él y su esposa Silvia se mudaron a Brasil, donde Silvia nació y se crió. Cuando era niña, Silvia tuvo una visión de la bandera del Reino Unido y de llevar un avivamiento al Reino Unido.

Tanto Giles como Silvia trabajaron como pastores de red en la Iglesia la Vid en Goiania, Brasil por varios años. En 2009 Giles y Silvia regresaron al Reino Unido con una visión para levantar una nueva generación de líderes dinámicos a través de una red de iglesias celulares. La iglesia ahora tiene diecinueve grupos celulares, seis de los cuales son grupos sólo para niños.

Los grupos celulares sólo para niños son dirigidos de manera similar a los grupos celulares sólo para niños de iglesias brasileñas. Se reúnen después de la escuela, ya sea entre 4-6 pm, o junto con los grupos celulares de adultos entre 7-9pm. La única diferencia es que, en la cultura europea, los niños tienden a irse a dormir más temprano durante la semana, así que muchos de los grupos sólo para niños se reúnen los viernes en lugar de los miércoles. Las líderes de los niños son en su mayoría mujeres de veinte a treinta años que se dedican a equipar a la siguiente generación.

Como todas las Iglesias la Vid, los niños comienzan su proceso de equipamiento en un retiro de Encuentro (más información sobre el equipamiento en el capítulo siguiente). En Inglaterra tienen sus Encuentros para Niños cada seis meses de la noche del viernes a domingo por la tarde en un centro de retiros local. Sin duda, poco a poco la Vid está estableciendo una cultura en la iglesia donde los niños y el ministerio de niños son priorizados (Mat. 18: 3-5).

TRABAJADORES DE LA COSECHA

Los grupos celulares sólo para niños permiten mayor flexibilidad al alcanzar a los niños. Un nuevo grupo puede comenzar en un barrio no alcanzado, al igual que muchos grupos en Iglesia Elim, Iglesia Misión Cristiana para el Mundo, o la Iglesia la Vid.

Hemos visto en este capítulo cómo Cristo está preparando a su Iglesia para alcanzar a los niños a través de la multiplicación de los grupos celulares. Pero Jesús también está pensando en los trabajadores de la cosecha futura. Si bien en la tierra, Jesús vio a la gente como ovejas sin pastor, y dijo: "La cosecha es abundante, pero son pocos los obreros —les dijo a sus discípulos—. Pídanle, por tanto, al Señor de la cosecha que envíe obreros a su campo." (Mateo 9:37-38). Jesús les dijo a sus discípulos que oraran por los nuevos trabajadores para recoger la cosecha. Pero, ¿de dónde vendrán estos nuevos trabajadores de la cosecha?

Las iglesias celulares eficaces se dan cuenta que un número significativo de la próxima generación de trabajadores de la cosecha vendrá de aquellos niños que se encuentran actualmente en los grupos celulares. Estas iglesias están involucradas activamente en equipar a los niños y prepararlos para el futuro ministerio, el tema del siguiente capítulo.

Capítulo 7

Equipando a los Niños

"Cuando hablaste sobre el equipamiento de discipulado, todo tuvo sentido", un pastor me dijo. Se sentó a ver todas mis presentaciones en PowerPoint sobre la definición de una célula, la historia de la iglesia celular, los principios de la iglesia celular, e incluso sobre cómo hacer la transición. El equipamiento, sin embargo, fue el ingrediente vital que hizo que todo se esclareciera.

Yo había estado supervisando a este pastor durante varios meses, pero su punto de vista tradicional sobre la enseñanza de la iglesia le impedía entender cómo hacer discípulos que hicieran discípulos a través del equipamiento específico. Este pastor, como tantos otros, estaba acostumbrado a la promoción de la educación cristiana en general el día domingo. De pronto cayó en la cuenta de que había una gran diferencia entre la educación y el equipamiento.

La educación nunca termina. Equipar o formar, por otro lado, toca habilidades específicas y dura un tiempo limitado. Neil F. McBride, un educador cristiano quien ha escrito mucho acerca de los grupos pequeños, dice,

La educación es una actividad en expansión; a partir de dónde se encuentra una persona, proporciona conceptos e información para el desarrollo de perspectivas más amplias y las bases para hacer un análisis y tomar decisiones a futuro. Por otro lado, la formación es una actividad que se va estrechando; de acuerdo a cuáles sean las habilidades presentes de una persona, trata de proporcionar habilidades específicas y los conocimientos necesarios para aplicar esas habilidades. En enfoque se centra en cumplir una tarea o trabajo específico.[51]

La visión de McBride sobre que el equipamiento es una actividad que se va estrechando en comparación con el proceso de toda la vida de la educación, toca el nervio del equipamiento de discipulado. El mejor equipamiento prepara a las personas para entender el mensaje del Evangelio, la doctrina cristiana básica, y la forma de dirigir un grupo celular. El proceso es llamado con una variedad de nombres: pista de equipamiento, pista de entrenamiento, escuela de líderes, o la ruta de equipamiento. Yo prefiero usar el término *equipamiento de discipulado* porque aclara cuál es la razón para el equipamiento: hacer discípulos que hacen discípulos.

Existe un gran problema. La mayoría de las iglesias celulares sólo proveen equipamiento de discipulado a adultos. Los niños tienen que esperar.

Este es un error comprensible. Después de todo, los adultos pueden ser mejores padres y pueden dirigir grupos celulares futuros. Pero, ¿no es acaso este patrón un poco corto de vista? Creo que sí. La realidad es que los adultos ya están de salida. Han vivido una buena parte de sus vidas. Y muchos potenciales líderes adultos ya están ocupados y no tienen el tiempo, la energía, o el deseo de tomar el equipamiento o dirigir un grupo celular. Los niños, por su parte, son moldeables, dispuestos, y tienen toda una vida por delante.

EQUIPAMIENTO DE DISCIPULADO PARA NIÑOS

El equipamiento de discipulado para niños sigue los mismos principios básicos que el equipamiento para adultos:

- Un equipamiento. Es mejor tener un equipamiento para toda la iglesia al que se espere que todos vayan (aunque deba adaptarse a varios niveles de edad).

- Muchas maneras de enseñar ese equipamiento. Algunas iglesias enseñan el equipamiento durante la hora de la escuela dominical; otros, sobretodo, enseñan el equipamiento 30 minutos antes del grupo celular, solicitándoles a los líderes que involucren a los miembros de la célula. Otros usan retiros. Algunos utilizan una combinación de métodos. En otras palabras, existe una amplia variedad de maneras de enseñar el equipamiento, y las iglesias deben ser creativas para ayudar a las personas a completarlo.[52]

La lección celular es diferente del equipamiento de discipulado. Las personas a menudo asumen que el equipamiento de discipulado es lo mismo que la lección celular y que el facilitador celular enseña el equipamiento de discipulado en el grupo celular. Sin embargo, la lección y el equipamiento son dos entidades distintas:

- La lección celular: Esto es lo que el facilitador celular utiliza durante la reunión celular. La lección se basa normalmente en la enseñanza semanal de la iglesia y está compuesta de preguntas que se enfocan en la aplicación que conducirá a la transformación.

- El equipamiento de discipulado: Hace uso de una serie de manuales con instrucciones sobre la doctrina básica, el evangelismo, las disciplinas espirituales y las dinámicas del grupo pequeño. Se enseña *separadamente* de la reunión celular y normalmente toma cierto tiempo para ser completado.

El propósito de la lección celular es aplicar la Palabra de Dios para la vida diaria y evangelizar a los no cristianos. El equipamiento, por su parte, explica cómo orar, leer la Biblia, tener un tiempo devocional, recibir libertad del asedio del pecado, y otros aspectos de la vida cristiana que son esenciales para el discipulado. Aunque el equipamiento para los niños debe ser adaptado para ellos, los componentes básicos son los mismos.

EQUIPAMIENTO DE DAPHNE KIRK

Daphne Kirk ha dedicado su vida a asegurarse que una generación equipe a la siguiente y que el proceso de discipulado continúe hasta que Jesús venga. Ella viaja mucho por todo el mundo con su hijo Andrew e hija Daniella promoviendo la necesidad de desarrollar la próxima generación—antes de que sea demasiado tarde[53]. El equipamiento de discipulado para niños de Daphne Kirk, se llama: *Living with Jesus* (Viviendo con Jesús)[54]. El equipamiento fue escrito para padres que discipulan a sus hijos, aunque el discipulador sea llamado un "amigo especial" así que éste podría ser otro adulto. Los temas del equipamiento son los siguientes:

- Bienvenido a la familia de Dios, *presentando a los niños al cuerpo de Cristo.*
- Hablando y escuchando, *presentando a los niños para que escuchen la voz de Dios.*
- Manteniéndose protegido, *presentarles a los niños la batalla espiritual.*
- Qué debemos escoger, *presentarles a los niños opciones para que escojan las del Reino.*
- Teniendo fe, *presentarles a los niños una vida de fe.*
- Fortalezas, *presentarles a los niños las fortalezas, el alma, y la libertad.*

- Amor para mí y para los demás, *presentarles a los niños el amor incondicional de Jesús*
- Tiempos especiales y dones, *presentarles a los niños el bautismo, la comunión y el Espíritu Santo.*

Los libros de equipamiento promueven la conversación y la interacción, en lugar de una enseñanza de en una sola dirección. El objetivo es que un niño se reúna con uno de los padres o un adulto una vez a la semana. Los libros no son devocionales, pero animan a la interacción de los padres y los niños.

El propósito es discipular al adulto, así como al niño. Por ejemplo, muchos adultos luchan con escuchar la voz de Dios, por lo que, durante el tema respecto a oír la voz de Dios, este puede ser un momento para que el padre pueda reflexionar sobre su relación con Jesús. En cada libro, hay una sección para que el adulto y el niño la complete. Un libro cubre aproximadamente dos meses de instrucción.

Daphne recomienda que sus libros no les sean entregados a los niños para llevar a casa a sus padres. Más bien, se les deben entregar a los adultos durante una sesión introductoria de equipamiento. Los padres o adultos, en lugar de los niños, deben rendir cuentas.

Junto con su equipamiento, Daphne ha preparado material para la lección celular que corresponde con cada tema del equipamiento. El equipamiento y las lecciones se pueden utilizar independientemente el uno del otro.

Hay muchas maneras de utilizar el material de equipamiento de Daphne. Daphne recomienda una variedad de métodos de entrenamiento tales como retiros, la enseñanza vivencial en un entorno pequeño, y el discipulado uno por uno.

Ella reconoce que algunos niños de los hogares cristianos pueden saber mucho, mientras que otros niños podrían estar escuchando acerca de Jesús por primera vez. Por esta razón, ella recomienda que la iglesia analice las necesidades de cada niño e implemente el equipamiento para satisfacer esas necesidades.

EQUIPANDO EN LA PRIMERA IGLESIA BAUTISTA CAMPO GRANDE

En esta iglesia, el equipamiento se enseña cada martes por la noche durante todo el año. En mayo de 2015, había cincuenta niños menores de doce años que estaban tomando el equipamiento. Dentro de los temas del equipamiento encontramos:

- Doctrina bíblica
- Crecimiento espiritual
- Bautismo
- Principios de liderazgo
- Evangelismo
- Misiones
- Cómo dirigir un grupo celular
- Multiplicación
- Supervisión (entrenamiento)

Parte del equipamiento prepara a los niños para ser bautizados y para dirigir un grupo celular. Después del equipamiento, esos niños que están dirigiendo grupos celulares infantiles, son entrenados para facilitar el aprendizaje de la lección, para el rompehielos, la oración, y el lanzamiento de la visión. También son entrenados personalmente para determinar si tienen necesidades personales, peticiones de oración, o problemas en el grupo.

Isabel, por ejemplo, vino de un trasfondo no cristiano. Ella recibió a Jesús en un grupo de intergeneracional y luego preguntó a sus padres si podía asistir a los equipamientos de los martes por la noche en la iglesia. Sus padres no cristianos vieron los cambios positivos en la vida de Isabel y decidieron llevarla al equipamiento del martes. Quedaron tan impresionados con lo que vieron que continuaron llevando a Isabel tanto al grupo celular como al equipamiento.

Ahora, esos mismos padres han recibido a Jesús, han sido bautizados, y están asistiendo fielmente a la iglesia. Isabel también completó el equipamiento, fue bautizada y, finalmente, comenzó a dirigir un grupo sólo para niños. Isabel es una cristiana seria y siempre está preguntando lo que debe hacer con la lección cada semana. Ella no se conforma sólo con escuchar a los demás hablar acerca de la lección. Más bien, ella la amolda para que se ajuste a su propio grupo celular. Incluso podría hasta desafiar a sus supervisores el martes por la noche al decir: "No creo que esto sea bueno para mi grupo celular. No creo que vaya a utilizar esta parte."

EQUIPAMIENTO DE JOEL COMISKEY

La mayoría de las iglesias tienen un equipamiento para adultos que también puede ser adaptado para los niños. Esto es cierto con mi propio equipamiento. He escrito una serie de cinco libros que llevan a una persona de la conversión hasta facilitar un grupo pequeño, o ser parte de un equipo. Cada libro contiene ocho lecciones que están diseñadas para la interacción y aplicación práctica. El niño que está siendo equipado debe participar en un grupo celular para obtener el máximo provecho de la enseñanza.

El primer libro se llama *Live*. (Vive) El primer capítulo, "Encontrando a Dios", explica cómo tener una relación personal con

Jesús. Los capítulos siguientes equipan al creyente a vivir una vida cristiana fructífera explicando la oración, la Escritura, la comunión cristiana, recibiendo una nueva identidad en Cristo, obedeciendo los mandamientos de Cristo, y la administración de los recursos de Dios. Un niño puede encontrar a Cristo y crecer en él mediante el estudio de este libro.

El siguiente libro es *Encounter* (Encuentra), el cual guía al niño para recibir la libertad de la esclavitud del pecado. Jesús dijo: "Conoceréis la verdad, y la verdad os hará libres" (Juan 8:32). Todas las personas, incluidos los niños, necesitan esta libertad. El libro comienza enseñando cómo el perdón es la única manera de superar el dolor y el resentimiento. Luego, instruye al niño sobre cómo perdonar y recibir el perdón. El libro también muestra al niño cómo recibir la llenura del Espíritu Santo y también a caminar en el Espíritu. El libro puede ser utilizado de forma individual o en un ambiente de retiro.

El tercer libro, *Grow* (Crece), ayuda al niño a comprender cómo escuchar la voz de Dios, meditar en la Palabra de Dios y a practicar la presencia de Dios a través de la adoración. Este libro *Crecer* explica cómo tener un tiempo diario en quietud con el fin de conocer a Cristo íntimamente y crecer en madurez. *Crecer* esboza cómo se debe buscar a Dios en el tiempo de quietud y explica los increíbles beneficios de la experiencia de experimentar a Dios todos los días.

El cuarto libro *Share* (Comparte), describe cómo el evangelio es la mejor noticia sobre la faz de esta tierra. Los niños necesitan aprender a proclamar con valentía las buenas nuevas de Jesucristo a sus compañeros de clase, vecinos, y familia. Este libro también da instrucciones al grupo celular sobre cómo planificar actividades para alcanzar a más personas, orar por los que no conocen a Jesús, e invitar a niños a actividades especiales de células.

El quinto libro, *Lead* (Dirige) prepara al niño para dirigir finalmente un grupo celular, explicando todas las partes de una célula y lo que se requiere para el liderazgo celular. En él se explica cómo facilitar una célula y crecer en el proceso. Este libro pone de relieve las dinámicas claves del grupo pequeño que darán confianza al líder para ser un facilitador para los demás.

Las iglesias como City Harvest (La Cosecha de la Ciudad) en Australia, han utilizado con eficacia mi equipamiento con los niños más pequeños. Crystal Dickson, un líder en City Harvest, ha usado mi equipamiento con niños entre las edades de 10 a 15 años de edad. La iglesia escribió lo siguiente a nuestro ministerio:

> Esta serie de discipulado ha estado funcionando muy bien, y estoy casi terminado la enseñanza de la serie de cinco libros. A las niñas a las que estoy discipulando les encanta el material. Está escrito en un lenguaje fácil de entender, y les gusta las historias de vida y ejemplos que se relacionan con cada tema de la lección. Una de las niñas de mi grupo fue bautizada hace unas semanas, porque el Espíritu Santo le habló pues ella estaba haciendo la lección sobre el bautismo y la comunión del libro 1.

Las iglesias podrían empezar utilizando un equipamiento preparado como el mío con el objetivo de hacer su propio material. Es fundamental, sin embargo, que los niños también sean invitados a participar en el equipamiento y que no sea sólo para adultos.

EQUIPAMIENTO DE LORNA JENKIN

Lorna Jenkins desarrolló un extenso equipamiento de discipulado para niños mientras trabajaba en iglesia Iglesia Bautista Comunidad de Fe. Ella cree que cada iglesia debe tener un equipamiento de discipulado. Escribe lo siguiente:

> ¿Cómo podemos llevar a los niños a Cristo y luego no enseñarles de lo que la vida cristiana se trata y cómo aprovechar el poder de Dios en sus propias angustiadas vidas? Muchos niños se enfrentan a grandes problemas en la vida, grandes miedos, grandes situaciones y grandes tentaciones en un momento en que tienen pocas herramientas espirituales para hacerles frente. Incluso los padres no siempre conocen de los valles de sombra por los que sus hijos se enfrentan, sobre todo en este mundo del ciberespacio.[55]

El equipamiento de Jenkins comienza con los niños pequeños con la esperanza de que van a completar el equipamiento para el momento en que tengan doce años de edad, aunque hay flexibilidad[56]. Al escribir sobre su experiencia pionera de equipar a niños, escribe, "La preparación de los niños a través del equipamiento fue una de las cosas más efectivas que hicimos y a los niños les encantó" Y continúa diciendo:

> Si nos tomamos en serio el trabajo de dirigir a nuestros hijos a la madurez espiritual y ministerio, necesitamos una forma sistemática de hacerlo. No podemos depender de un método de "prueba y error". Tenemos que definir claramente qué tipo de madurez que queremos ver en los niños, y luego encontrar la manera de llevarlos hasta allí [57].

Lorna siente que el equipamiento es mejor manejado por los padres, en lugar de la iglesia. El equipamiento da a los padres una serie de directrices para ayudar a los niños en su camino hacia la madurez. Lorna sabe, sin embargo, que muchos padres no se sientes competentes para dar el equipamiento y la iglesia juega un papel importante tanto en el equipamiento de los padres como en el de los niños que vienen de hogares no cristianos.

Para esos niños sin padres cristianos, Jenkins recomienda que se elija un patrocinador que funcione como un padre espiritual para guiar al niño a través del equipamiento. En el Anexo Uno, he incluido una lista más amplia de materiales que Jenkins ha desarrollado y que ella utiliza en cada paso. Estas son las etapas básicas:

Etapa Uno de La Pista de Equipamiento

- Paso 1. Tiempo de Decisión. Durante este paso, los padres o el patrocinador dirigen al niño a recibir a Jesús. Se utilizan los libros *Now I Follow Jesus (Ahora sigo a Jesús)* y *Treasure Hunt (Búsqueda del Tesoro)*.

- Paso 2. Descubriendo la experiencia espiritual del niño. Los padres o el patrocinador descubren cuánto sabe el niño acerca de la vida cristiana. Esta etapa incluye el descubrimiento de problemas y ataduras en la vida del niño.

- Paso 3. Discipulado básico. El niño entiende las implicaciones de seguir a Jesús. Los padres o el patrocinador dirigen al niño para convertirse en un discípulo de Jesús mediante el uso del libro *Now I Follow Jesus (Ahora sigo a Jesús)*.

- Paso 4. Tiempo Diario con Dios. El niño aprende cómo conocer a Dios a través de la lectura de la biblia y de otras disciplinas espirituales. Se utiliza el libro *Living Life Upside Down (Viviendo la Vida al revés)*.

Etapa Dos de la Pista de Equipamiento

- Paso 1. Participación del Grupo Celular. El niño se une a un grupo celular y comienza a comprender la importancia de la participación en la célula.

- Paso 2. Valores Familiares Cristianos. Ambos padres y niños son enseñados a cómo tener devocionales familiares juntos. Se utilizan los libros *How to Make the Right Decision*

(Cómo Tomar la Decisión Correcta) y *The Family Journeys Together (Las Travesías Familiares Juntos)*.

- Paso 3. Comprendiendo y Compartiendo la Cena del Señor. A los niños se les enseña a tomar la cena del Señor con sus padres en un grupo celular.
- Paso 4. Evangelismo. El libro *Breaking the Barrier (Rompiendo la Barrera)* les ayuda a los niños a compartir su fe y a guiarlos para que dirijan a otra persona a conocer a Jesucristo como Señor y salvador.

Etapa Tres de la Pista de Equipamiento

Por lo general, un niño se encuentra en los años superiores de primaria al iniciar esta fase, y aunque no haya reglas pre-establecidas. Estos cursos son ofrecidos por el personal de la iglesia.

- Paso 1. Formación Espiritual. Este curso cubre las verdades cristianas fundamentales en un nivel más profundo. El bautismo sigue al curso después de terminar el libro *Spiritual Formation* (La Formación Espiritual). Los niños discuten temas tales como:
    * ¿Qué es la salvación?
    * ¿Podemos saber si somos salvos?
    * ¿Qué es el bautismo?
    * ¿Qué significa vivir en el Espíritu Santo?
    * Identidad en Cristo
    * Mayordomía
    * Adoración
    * Estilo y visión de la Iglesia Bautista Comunidad de Fe

    Antes que el curso finalice, al niño se le solicita que escriba su testimonio. El grupo celular debe recomendar al niño para ser bautizado.

- Paso 2. Notas del sermón. Los niños mayores mantienen un cuaderno para tomar notas de los sermones. Los niños comparten con los demás niños en el grupo celular sobre lo que han escrito acerca del sermón. El niño ha completado este paso cuando ha tomado notas de ocho sermones.
- Paso 3. Batalla espiritual. A los niños se les enseña sobre las realidades del ataque espiritual. El libro a utilizar es *Victory in Jesus* (Victoria en Jesús). Los temas incluyen:
  * La naturaleza de la batalla
  * Ámbito espiritual
  * La armadura de Dios
  * Lidiando con la tentación
  * Dones espirituales
  * Ministrando en el poder del Espíritu Santo
  * Batalla espiritual estratégica

  Los niños asisten a esta clase por recomendación del grupo celular.
- Paso 4. Resumen de la biblia. El libro *Under Cover Bible (Biblia al Descubierto),* es utilizado en este curso. Muchos niños saben bastantes historias de la Biblia, pero no saben cómo está compuesta la Biblia. En este curso se les enseña de manera más sistemática acerca de la Biblia.

Lorna Jenkins escribe: "La visión de nuestro ministerio para niños es producir niños que alcancen la *madurez cristiana completa* de acuerdo a su *edad*. Nuestro objetivo es que sean líderes de adoración, guerreros de oración, evangelistas, patrocinadores, jefes de equipo y ayudantes ministeriales. La pista de equipamiento es nuestro medio de alcanzar este objetivo"[58]. Posteriormente al reflexionar sobre sus años en la iglesia Bautista Comunidad de Fe, Lorna escribe:

> Mirando hacia atrás puedo ver los resultados sorprendentes en la vida de los niños, quienes eran cristianos maduros para su edad y practicaban la vida y el ministerio cristiano cuando iniciaban en la adolescencia. Regresé a Singapur hace dos años y me encontré con muchos de esos niños, ahora adultos y tomando el liderazgo en la vida de la iglesia. Ellos eran "los niños dorados"[59].

EQUIPAMIENTO DE LA IGLESIA LA VID

La Iglesia la Vid tiene una constante necesidad de preparar nuevos líderes, ya que ahora tienen unos 10.000 grupos celulares de niños y muchos de los nuevos grupos serán dirigidos por los que ahora son niños. Junto con el desarrollo de los niños en la célula y la celebración, la Vid también equipa a los niños a través de su equipamiento de discipulado paso a paso.

Primero, ellos les piden a los niños ir a un retiro de encuentro de tres días. Los niños en la Vid empiezan a ir al encuentro cuando tienen siete años de edad. Estos encuentros comienzan el viernes y terminan el domingo por la tarde. Tienen lugar cada fin de semana en la iglesia madre. Muchos son transforman, reciben palabras proféticas, e incluso hablan en lenguas. Tras el encuentro, los niños siguen recibiendo discipulado a través de la célula semanal y la celebración.

Cuando el niño tiene doce años, él o ella puede ser bautizado en agua y puede continuar tomando el curso normal de equipamiento, el cual se llama el Camino del Ganador:

1. Retiro de encuentro
2. Curso Agua Viva
3. Bautismo

4. Curso de Consolidación
5. Curso de madurez espiritual
6. Curso de entrenamiento para líderes

La Iglesia la Vid no se precipita con el bautismo. Ellos quieren asegurarse de que el niño esté listo. Ellos se dan cuenta de que algunos padres erróneamente apresuran a sus hijos a bautizarse en la suposición errónea de que los hijos de otro modo podrían perderse eternamente. La Vid cree, sin embargo, que el bautismo debe ser sólo para los que pueden entender el compromiso que está implícito. Los que están en el equipamiento terminan el proceso cuando son adolescentes, y entonces están listos para dirigir un grupo celular al cumplir los dieciséis años de edad.

PRINCIPIOS CLAVE CUANDO SE EQUIPA A NIÑOS

El equipamiento de discipulado para niños varía de una iglesia a otra, dependiendo de la doctrina, denominación y valores. El equipamiento también varía con respecto a la metodología (por ejemplo, la variedad de retiros de encuentro, instrucción en el aula uno por uno, y así sucesivamente). Sin embargo, hay principios importantes que se deben tener en cuenta al ministrar a los niños.

CONTAR HISTORIAS

El ministerio de niños debe basarse estrictamente en la Palabra de Dios, teniendo como objetivo la transformación, en lugar de simple información. Pero, ¿cómo se hace eso de la mejor manera? ¿Cómo podemos hacer que la Biblia sea relevante para los niños?

Contar historias es una de las mejores maneras de enseñar a los niños, y hay muchas historias de la Biblia. De hecho, Dios ama las historias. Los educadores cristianos, Choun y Lawson notan lo siguiente:

> Al hacer el trabajo de la iglesia, los cristianos hoy en día generalmente predican sermones y proveen respuestas. Jesús, por su parte, contaba historias y hacía preguntas. Para sus oyentes, el entorno y las situaciones que describía eran familiares. Sus preguntas de sondeo llevaban a los oyentes a pensar en cada aplicación de las lecciones a sus propias vidas[60].

Como a Jesús, a los niños les encanta escuchar y contar historias. Recuerdo cómo a mis propios hijos les encantaba oír a mi madre tejer una historia que les cautivaba. Ellos sólo escuchaban y se maravillaban de cómo su abuela podía contar una historia acerca de ellos, pero con otros nombres y personajes y siempre traerla de vuelta a un principio moral. Cuando se hicieron mayores, estas historias no tenían la misma magia, pero cuando eran niños, no podían escuchar suficientes historias de su abuela.

C.S. Lewis tuvo un impacto tan significativo en los niños porque se dio cuenta que a los niños les encanta explorar el mundo de fantasía, y Lewis se destacó en la elaboración de historias creativas que cautivaban su imaginación y los mantenían regresando por más. Ivy Beckwith escribe:

> No sé a ciencia cierta por qué Dios nos dio todas estas historias, pero sospecho que tiene algo que ver con la forma en que los seres humanos hemos sido creados. Dios sabía que había algo en el espíritu humano que podía relacionarse con ellas, habitar, y ser transformados por las historias, incluso por historias concebidas miles de años antes en culturas drásticamente diferentes de las de los oyentes. Y creo que Dios nos dio historias porque Dios quiere que sepamos la esencia de Dios y para que nos enamorásemos de Dios. Yo no sé ustedes, pero me es mucho más fácil enamorarme de un personaje de una historia que con una exhortación o lista

de proposiciones teológicas acerca de ese personaje. Creo que Dios quería capturar nuestra imaginación, y la manera de capturar la imaginación de la mayoría de las personas es a través de una buena historia[61].

Me encontré llorando recientemente cuando leí la historia de José en Génesis cuando se reveló a sus hermanos. Me sentí profundamente conmocionado cuando Jacob, el padre de José, le abrazó después de pensar por tanto tiempo que estaba muerto. Las historias tienen una forma poderosa de capturarnos profundamente y de revelarnos verdades importantes que la mera verdad proposicional rara vez logra.

Una vez que el profesor cuente una historia basada en la Escritura, también es importante que conduzca a los niños a hacer una simple conclusión sobre lo que han aprendido. Tienen que reflexionar sobre la historia, escuchar lo que recibieron de la historia, y luego determinar cómo se aplica a sus vidas. Dios está obrando en la vida de los niños para ayudarles a procesar la verdad de Dios en sus vidas. Necesitamos permitirles procesar los pensamientos y aplicar la Palabra de Dios a sus vidas en este momento.

Es importante que los oyentes se sientan cómodos y que puedan ver claramente a la persona que cuenta la historia. Los oyentes más jóvenes tienden a acercarse durante la historia. Una intimidad se establecerá entre el narrador y el oyente por el contacto visual y la interacción. Para preservar esto, mantén al grupo pequeño y mantén a los oyentes más pequeños adelante[62].

Contar historias no se trata sólo de historias de la Biblia, sino que también se refiere a contar testimonios. Necesitamos compartir libremente lo que Dios ha hecho en nuestras propias vidas, y esto también habla profundamente a los niños. Beckwith dice:

"Tenemos que dejar un espacio para que los niños puedan explorar la historia de maneras que son significativas para ellos"[63]. Algunos de mis mejores recuerdos son los devocionales personales con mis hijos. Me encantó ese momento tanto porque tuve la oportunidad de compartir mi "historia" y luego asegurarme que cada uno de ellos tuviera tiempo para hablar de lo que habían aprendido de las Escrituras y de compartir por qué necesitaban oración.

ACCIÓN

Los niños dejan al descubierto mucho de quiénes son a través del juego espontáneo. Podríamos verlo como un tiempo de juego innecesario, pero esos tiempos espontáneos de juego son importantes para su aprendizaje sobre la vida y la aplicación de los conocimientos que reciben de los demás. Evelyn M. R. Johnson y Bobbie Bower escriben lo siguiente:

> Un gran privilegio de la infancia es el juego espontáneo. Es un poderoso vehículo para ayudar a los niños a entender su mundo. Ayuda a los niños a reducir el estrés, a ordenar las relaciones de la vida, y practicar habilidades y capacidades emergentes. Los adultos a menudo ven el juego como una oportunidad para escapar de las responsabilidades y la realidad de la vida. Para los niños, el juego es su vida. El poder jugar, sin culpa, es una parte de la infancia que los adultos a menudo lamentan haber perdido[64].

Los niños constantemente adquieren nuevas experiencias y encuentran satisfacción y significado en el juego, deportes, rendimiento, la risa, los sentidos, la imaginación, el crecimiento personal y el aprendizaje[65]. El juego es también la forma en que los niños procesan sus miedos y conflictos internos, entre ellos el miedo innato del poder de los adultos sobre ellos.

Ellos no pueden resolver sus temores intelectualmente, pero a menudo lo hacen a través del juego. El procesamiento verbal no funciona para los niños como con los adultos. Su expresión verbal aún no es lo suficientemente profunda o lo suficientemente extensa para manejar las situaciones. No tienen una amplia gama de conocimientos y de observación sobre lo cual basarse. Así que dramatizan sus conflictos, luego los ponen bajo control—los interpretan y luego los conquistan. El juego es un trabajo duro[66]. David Cohen y Stephen A. MacKeith escriben lo siguiente:

> Los niños pasan una gran parte de su tiempo jugando. Algunos, pero no todos los juegos consisten en actos imaginativos. Los juegos de dramatización en el que los niños representan una variedad cambiante de personajes es la forma más obvia de juego creativo[67].

A menudo su juego parece desorganizado, pero para ellos es perfectamente natural. La infancia es única y hay tanta información nueva generada a partir de la experiencia que información antigua adquirida por experiencia. La asimilación y acomodación son procesos mucho más complejos en la infancia que en la edad adulta[68]. Los niños generan esta nueva información, a medida que juegan con sus amigos. Es un momento fascinante de aventura y de exploración de nuevos territorios. Wes Haystead escribe: "La manera más eficaz para que un niño aprenda es a través de las experiencias de primera mano"[69].

La vida explota alrededor de un niño y experimentan cada minuto de ella. En comparación, los adultos son aburridos. Observa este diálogo sobre "nada" desde la perspectiva de un niño:

> Nos fuimos a casa y cuando alguien dijo: "¿Dónde estabas?", Dijimos, "fuera", y cuando alguien dijo: "¿Qué estabas haciendo a esta hora de la noche?", Dijimos, como siempre, "Nada".

> Pero sobre esto de no hacer nada: nos mecimos en columpios. Fuimos a pasear. Nos recostamos sobre la espalda en los patios traseros y masticamos hierba...
>
> Vimos cosas: vimos a gente construyendo casas, vimos hombres arreglando carros, nos observamos el uno al otro arreglando neumáticos de bicicleta con parches de goma...
>
> Nos sentamos en cajas; nos sentamos bajo los pórticos; nos sentamos en los techos; nos sentamos en ramas de los árboles.
>
> Nos paramos sobre las tablas de excavaciones; nos paramos en las cimas de las pilas de hojas; nos paramos bajo la lluvia que gotea de las cornisas; nos paramos hasta que la nieve nos llegó hasta las orejas.
>
> Nos fijamos en cosas como cuchillos y confites y tuercas y saltamontes y las nubes y los perros y la gente.
>
> Saltamos y saltamos. Sin ir a ninguna parte—sólo por saltar y saltar y saltar y galopar.
>
> Cantamos y silbamos y tarareamos y gritamos. Hicimos un montón de nada[70].

Lo que creemos que es un montón de "nada" en la vida de un niño, es realmente un mundo con la explosión de emoción y aventura. Los niños pueden hacer castillos en la arena y aventuras en un patio de asfalto. A ellos les encanta bailar, hablar, comer y reír. Lo que los adultos puedan considerar como "nada" puede ser un mundo de ensueño para los niños.

Saber esto les ayudará a los líderes a recordar que los niños se deleitan en experimentar la enseñanza de Cristo a través del juego y la dramatización. Tanto como sea posible, ayúdalos a interactuar con la enseñanza a través de juegos.

Recuerdo que cuando mis hijos eran pequeños, podían dramatizar lo que fuera, y les encantaba actuar frente a los demás. Me quedé sorprendido por su creatividad y capacidad de meterse en el papel. No entendían detalles sobre el trabajo de detective, pero estaban dispuestos a convertirse en Sherlock Holmes a través de su actuación. Sin embargo, al reflexionar sobre esas muchas ocasiones, ahora me doy cuenta que estaban aprendiendo lecciones valiosas y solidificando el conocimiento. Ellos nunca hubieran sido capaces de hacer esto tomando notas en un aula o reflexionando sobre lo que habían aprendido en un grupo. Diana Shmukler escribe:

> Los niños no sólo necesitan tiempo y oportunidad, pero también necesitan un contenido enriquecedor para su juego de fantasía. Como tal, un segundo requisito es la disponibilidad de una variedad de materiales en forma de historias contadas, libros y juguetes que aumenten la probabilidad de que el material que se presenta al niño sea lo suficientemente interesante y novedoso para cautivar y mantener su interés y atención con placer. Los niños también necesitan un entorno que no sea demasiado estructurado o muy ordenado para que puedan desarrollar una gran flexibilidad en el uso del material que tengan a la mano[71].

Tenemos que alimentar sus sueños y fomentar su juego. Después de la enseñanza de una historia de la Biblia, es una buena idea permitirles a los niños que actúan la historia. Darles esta oportunidad les ayudará a lograr un equilibrio entre la experiencia interior y la exterior y les proporcionará un importante sentido de la autoestima. Como Diana Shmukler señala:

Por su propia naturaleza, el juego exige que los niños utilicen su potencial para combinar las experiencias en algo organizado, pero también en tramas flexibles. Por tanto, es un poderoso complemento de procedimientos preventivos y terapéuticos educativos tempranos y, como tal, debe ser medular en cualquier actividad preescolar[72].

Los maestros que son sabios explican las historias de la Biblia, pero luego les permiten a los niños interiorizar el mensaje a través del juego por medio de la dramatización. Y esto puede tener lugar en la célula, la celebración, así como en el equipamiento de discipulado.

ESPIRITUALIDAD

Algunos actúan como si la espiritualidad está reservada sólo para los adultos. Pero ¿qué pasa con los niños? ¿Son seres espirituales también? En realidad, la espiritualidad es bastante natural para los niños, mientras que los adultos a menudo tenemos más dificultades en el área de la espiritualidad. La investigadora de niñas, Rebecca Nye, cree que los niños tienen una ventaja cuando se trata de la espiritualidad porque ellos tienen una forma más holística de ver las cosas; no analizan tanto, por lo que su percepción tiene una calidad más mística[73].

George Müller, el constructor de las famosas casas de huérfanos cristianas de Bristol, Inglaterra, en el siglo XIX, es un ejemplo de una persona que se tomó en serio la espiritualidad de los niños. Müller se dedicaba a la oración pidiendo por un avivamiento entre los niños. En enero y febrero de 1860, una gran ola del poder del Espíritu Santo se apoderó de la institución. Comenzó entre las niñas pequeñas, de seis a nueve años, luego se extendió a las niñas mayores, y luego a los niños, hasta que, más de doscientos estaban buscando a Dios y encontrando paz en él.

Los jóvenes conversos a una sola voz pedían poder llevar a cabo reuniones de oración entre sí, y muchos comenzaron a orar por los demás. De los setecientos huérfanos, unos 260 fueron convertidos o llegaron a estar en un "estado de esperanza". El expediente indica que estos niños no solamente confesaron "Quiero ser bautizado", sino tenían una fe que se basaba en una experiencia genuina con el Espíritu de Dios. Rápidamente pusieron esa fe en acción a favor de otros niños. Tristemente, algunos adultos pueden minimizar las lágrimas de arrepentimiento de un niño, pensando que el niño no tiene mucho de qué arrepentirse.

Ralph Neighbour recuerda una historia de la década de 1990 cuando Lorna Jenkins dirigía las células de los niños en la Iglesia Bautista Comunidad de Fe. Un hombre llegó en una silla de ruedas, pidiendo oración. Los adultos oraron fervientemente por él, sin que hubiera ningún tipo de sanidad observable. Los adultos se fueron hacia la cocina para tomar un refresco, dejando al hombre y a una niña de 8 años atrás. La niña miró fijamente al hombre y finalmente le dijo: "Bueno, ¿y por qué no te levantas y caminas?" El Espíritu de Dios cayó sobre él en ese momento y él se levantó y se dirigió a la cocina. Atónitos, los adultos preguntaron: "¿Qué pasó?" "¡Fue la niña! Ella me dijo que caminara". Cuando los adultos le preguntaron a la niña, ella simplemente dijo: "Bueno, todos ustedes oraron por él. Así que sólo le dije que caminara porque había sido sanado"[74].

Sin embargo, elegimos definir la *espiritualidad*; sabemos que los niños tienen una gran cantidad de ella. Están muy bendecidos con la capacidad de ser sensibles a Dios. Están abiertos a lo que Dios les pueda decir a ellos, y ellos están dispuestos a escuchar y a obedecer[75]. Aquellos que dirigen a niños en el ministerio celular o enseñándoles en el equipamiento de discipulado deben involucrar a los niños en que participan en la oración los unos por los otros, escuchando la voz de Dios, hablando de lo que oyen, y evangelizando a los que no conocen a Jesús.

SE R.E.A.L.

Los niños dicen lo que sienten y actúan según lo que dicen. Ellos ejemplifican la autenticidad y la transparencia genuina. Así es como Dios los hizo. Cuando se enseña a los niños, el acrónimo REAL (VERDADERO en español) explica mucho sobre lo que funciona con los niños:

Relacionales: Los niños pueden ser amigo de cualquiera. Esta es su naturaleza. La mayoría de los adultos que observan a los niños interactuar con sus amigos cercanos pueden ver fácilmente estos lazos especiales en acción. Los mejores profesores disfrutan de la interacción relacional con los niños y transmiten esta vitalidad amorosa en su enseñanza.

Experiencial: Los niños aman el aprendizaje práctico. Les encanta estar involucrados en su aprendizaje. Recuerdo haber hecho pintado con los dedos en la clase de la Sra. Westcott en el kínder. Involucraba todo mi ser, y yo disfrutaba de la experiencia. Sentí la misma alegría al trabajar con los bloques de construcción o jugando en el patio de recreo. Los mejores maestros, de hecho, estimulan a los niños a experimentar la enseñanza a través del juego, actuando, el coloreo, la creación de sus propias historias, la adoración, la oración, y así sucesivamente. Las experiencias avivan la energía creativa en los niños, así como la solidificación de la enseñanza bíblica.

Aplicable: Aplica la lección al mundo real del niño. Enseñanzas largas, aburridas "exegéticas" simplemente no funcionan con los niños. Ellos necesitan ver lo que estás haciendo. Conviértase en un actor. Vive tu mensaje de enseñanza. Recuerdo que en la escuela bíblica teníamos un instructor llamado Alban Douglas. Fue el profesor favorito en la escuela porque él actuaba sus lecciones. Él dramatizaba las historias del Antiguo Testamento para asegurarse de que pudiéramos sentir e imaginar lo que realmente ocurrió en ese entonces. El objetivo siempre fue la aplicación. Por supuesto, éramos estudiantes del estudio bíblico para adultos. ¿Cuánto más importante es que los niños puedan ver, experimentar, y aplicar la verdad bíblica?

Lectura o basado en el aprendizaje: Basa tu enseñanza en torno a los alumnos, no los profesores. Piensa acerca de sus intereses, sus estilos de aprendizaje, y sus lapsos de atención. Los niños son muy sensibles a las expresiones de la voz humana. Para el tiempo en que llegan a la edad escolar, la mayoría de los niños pueden imitar la melodía de la ira, de miedo, de placer y de muchas otras emociones[76].

Trabajar con niños es una experiencia maravillosa porque viven en el ámbito de Dios—el ámbito de la alegría y la creatividad. Asegúrate que la enseñanza en la célula, en el equipamiento, y la celebración esté llena de vida, interacción y aprendizaje práctico.

Capítulo 8

Equipando a los Padres

En la Misión Cristiana para el Mundo, en Barquisimeto, Venezuela, muchos de los grupos celulares son dirigidos por adolescentes, quienes tienen regularmente su tiempo devocional, visitan a miembros de su célula, preparan la lección, oran por los enfermos, y experimentan los milagros de Dios en el grupo. José, un líder adolescente dijo, "Dios está haciendo grandes cosas en mi grupo celular. Mis amigos están viendo a Jesús, y vidas están siendo cambiadas", Patricia, una líder adolescente que estaba sentada junto a José estuvo de acuerdo. "Yo oro y Dios me guía". Dijo Patricia.

Sin embargo, al hablar con el personal quienes también estaban presentes en esa reunión, me hablaron acerca de las dificultades a las que se enfrentaban. "Nuestra iglesia ha dado pasos increíbles, pero necesitamos el apoyo de los padres, y muchos se siguen resistiendo. El principal obstáculo es conseguir que los padres abran sus hogares, lleven a sus hijos a las células, y que nos permitan que preparemos a los adolescentes, así como a los niños a hacer el trabajo del ministerio".

Después de hablar con estos líderes en esta iglesia, me di cuenta nuevamente, que el ministerio celular de niños depende de los padres que están comprometidos y dispuestos a involucrarse.

Los niños no tienen carros. Ellos no tienen finanzas. Ellos no pueden abrir sus propios hogares. El ministerio para los niños, en otras palabras, depende en gran medida de los adultos.

Los padres son fundamentales en el sistema de celular, pero son aún más importantes en su propia casa—dentro de la célula. Así que a los padres se les debe enseñar cómo desarrollar a sus propios hijos a través del ejemplo teniendo un comportamiento como el de Cristo, dirigiendo a sus hijos en los devocionales familiares y pasando suficiente tiempo con sus hijos, mostrándoles sus verdaderas prioridades.

La realidad, sin embargo, es que muchos niños no tienen padres cristianos, por lo que la iglesia cumple el papel de padre espiritual. Ana Mow escribe: "La iglesia también tiene su responsabilidad única para con los niños. La iglesia tiene que terminar lo que la familia no puede terminar, y debe compensar en lo que sea que la familia les haya fallado a los niños"[77].

Estoy supervisando a un plantador de iglesias quien me habló de los niños de su vecindario que venían a su casa cada semana. "Esta chica ha sido transformado a través de nuestra iglesia en la casa", el pastor me dijo. "Ella les está hablando a sus padres no cristianas acerca de Jesús. En ausencia de padres piadosos, la Iglesia Comunidad Bend la está discipulando, preparándola para el futuro, y en el proceso están alcanzando a sus padres no cristianos.

NUNCA LO HEMOS HECHO DE ESTA MANERA ANTES

Cuando se introduce una nueva idea, siempre hay un retroceso. El retroceso es la forma en que se hacía en el pasado. Por supuesto, siempre habrá quienes se adapten rápidamente y que aman el cambio, pero parece que a la mayoría le gusta la forma en que siempre han sido las cosas—los viejos tiempos. Los pastores y los líderes deben estar preparados para hacerle frente a las zonas comunes de resistencia, como las que se mencionan a continuación.

LA BARRERA "OLVIDANDO EL FUTURO"

Es fácil olvidar que los niños pronto serán jóvenes, adultos jóvenes y adultos. Si los niños se involucran ahora en el ministerio celular, hay muchas más posibilidades que continúen el proceso cuando sean mayores. Sin esas primeras semillas de ministerio vibrante, será mucho más difícil para ellos simplemente incorporarse más tarde.

En un abrir y cerrar de ojos, los niños dependientes son adultos responsables. Para preparar a los niños en el proceso de la madurez, los padres tienen que mirar a sus hijos más allá de los bebés y los niños pequeños hasta la época en que esos mismos niños jueguen un papel importante en la iglesia como líderes, pastores y misioneros. Si los niños no se involucran ahora mismo en la iglesia local, ¿por qué se van a involucrar de repente en el futuro?

Dado que el ministerio de casa en casa es la norma en el Nuevo Testamento para hacer discípulos que hagan discípulos, ¿no deberían los padres asegurarse que sus hijos también estén involucrados en ese ambiente ahora? Al permitirle a los niños involucrarse ahora en el ministerio celular, hay una mayor probabilidad que se involucren más tarde, a medida que avanzan de las células de niños a las células de jóvenes, hasta el ministerio celular adulto.

LA BARRERA DE LA FE

Una barrera para romper en la mente de los padres es el obstáculo de la fe. Me refiero al hecho de que muchos padres no creen que sus hijos tienen la capacidad de llevar a otros a Jesús, hacer discípulos, y cambiar al mundo en el proceso. Ellos ven a sus hijos como oyentes, pero no como potenciales ministros. Algunos padres quieren esperar hasta que sus hijos tengan edad suficiente para que participen en el ministerio de la iglesia. Pero para entonces ya es demasiado tarde. Una de las razones por las que los jóvenes están dejando la iglesia en masa es porque sólo fueron vistos como oyentes pasivos cuando eran niños, en lugar de participantes activos.

Algunos padres dudan que los niños puedan participar en un grupo celular. Tienen miedo que los niños no puedan formar relaciones genuinas y confidenciales con adultos en un entorno de grupo intergeneracional. A pesar de que esto no es cierto, es parte de la barrera que debe ser retirada por los adultos para poder involucrarse de todo corazón en el ministerio de niños.

LA BARRERA DEL INVOLUCRAMIENTO

A veces los padres carecen de una clara comprensión de su papel en el desarrollo de los niños. Tal vez piensan que las escuelas o iglesias van a hacer el trabajo por ellos. Ellos piensan que su papel es solamente el de proveer las necesidades físicas de sus hijos. Alguien más tiene que satisfacer las necesidades espirituales y educativas de los niños. La realidad es que los padres tienen la primera y más importante función en el equipamiento de sus hijos espiritualmente. También son responsables de asegurarse de que sus niños reciban ayuda adicional en la iglesia.

El servicio a los niños requiere sacrificio voluntario porque ellos no pueden devolver nada financieramente en este momento. Pero los niños van a devolver lo recibido en el futuro. Los padres necesitan que se les recuerde que recibirán su pago de otras maneras muy pronto. Los niños devuelven con su amor, su sencillez y su honestidad. La motivación para servirles hoy, es el honor y la recompensa de Dios. Nos lo *pagarán* con su carácter transformado y vida espiritual. También es cierto que los grupos celulares de niños consumen mucho tiempo y demandan mucho trabajo. Los padres deben estar dispuestos a encontrar el tiempo para participar y ministrarles.

LA BARRERA DE LA OCUPACIÓN

A menudo los padres están tan ocupados que descuidan el desarrollo de sus hijos. Beckwith escribe:

> Las familias de hoy luchan con los horarios irregulares y erráticos de varios miembros de la familia. Papá y/o mamá pueden estar ausentes una gran parte del día, trabajando para mantener comida sobre la mesa. La cena es la comida rápida en el carro ya que las familias corren a una variedad de compromisos durante la tarde y la noche. Estas actividades, que son probablemente buenas en sí mismas, pueden separar a las familias en lugar de impulsar una relación más estrecha[78].

Los padres deben proveer a sus hijos, y trabajar duro para pagar las cuentas es lo que hay que hacer. Sin embargo, muchos padres trabajan las horas extra para poder poseer más cosas—las riquezas de este mundo—en lugar de atender las necesidades básicas de su familia. Les sobra poco tiempo para su formación espiritual.

Siempre es alentador cuando los padres se detienen y reevalúan sus prioridades. Hablé con un misionero que me dijo que su padre, un ministro internacional, paró su ministerio por un año para pasar tiempo con él durante sus años problemáticos. Su padre se había vuelto demasiado ocupado con el trabajo cristiano mientras que su hijo se alejaba del Señor. Sin embargo, el padre estaba dispuesto a admitir su error y a cambiar. Admiro el compromiso de este padre por colocar el bienestar de su hijo por encima de su propio éxito ministerial. Tristemente, muchos no lo hacen. Por el contrario, ponen su propio éxito en la vida por encima de su relación con sus hijos.

Los pastores y líderes sabios entienden la necesidad de preparar el terreno a través de la enseñanza bíblica para preparar a los padres a participar en el ministerio celular de niños. Y sí, habrá algo de resistencia al principio.

CAMBIANDO LAS ACTITUDES

Entonces, ¿cómo pueden cambiar estas actitudes? ¿Qué puede hacer la iglesia para hacer que los padres se conviertan en trabajadores de primera línea y ayudantes en el ministerio de la iglesia celular?

ORANDO

Sólo Dios puede cambiar las actitudes y otorgar el éxito a largo plazo. Los líderes y guardianes tienen opiniones profundas y ocultas de cómo deben ser las cosas. La gente puede estar de acuerdo con el desarrollo de los niños, pero en el fondo, saben que los nuevos compromisos—cualesquiera estos sean—podrían consumir tiempo y energía, robándoselos a sus propios ministerios y programas. Satanás es rápido para provocar conflictos a través de la murmuración y la resistencia interna, y con frecuencia los líderes ni siquiera se dan cuenta de dónde viene.

Por lo tanto, es necesaria la oración ferviente para contrarrestar los dardos de fuego del diablo, ya que Satanás se opone el 100% a discipular a la siguiente generación. Los pastores y líderes deben recordar la exhortación de Pablo en Efesios 6:12: "Porque no tenemos lucha contra sangre ni carne, sino contra principados, contra potestades, contra los poderes de este mundo de tinieblas, contra las huestes espirituales de maldad en los lugares celestes".

Recientemente en mi propia iglesia local pasamos por un período muy difícil en el que una pareja comenzó a dividir de una manera muy sutil a través de murmuraciones. Tratamos de resolver la situación mediante el mandato bíblico de Mateo 18, hablando directamente con la persona, y posterior con dos o tres testigos más, y luego con toda la iglesia. Pero la pareja finalmente se fue y causó confusión en la iglesia. ¿Qué aprendió el liderazgo de todo esto? Aprendimos sobre la necesidad de redoblar nuestro esfuerzo de oración. Habíamos bajado la guardia. Teníamos que orar más.

Cuando se esté buscando el cambio de actitudes de los padres para dar prioridad a los niños, la oración tiene que ser la primera arma, el primer lugar dónde comenzar. Dios ama a los niños, por lo que Él está de su lado. Él desea que la iglesia priorice el discipulado de los niños a través de la célula y la celebración. Por esta razón, la iglesia puede orar con confianza, con valentía acercándose al trono de la gracia y creyendo que Dios ayudará a los padres a involucrarse en este nuevo enfoque (1 Juan 5: 14-15).

LLEVANDO LA CARGA

El liderazgo es importante. Aluízio y Marcia Silva en la Iglesia la Vid han promovido consistentemente el desarrollo de los niños durante los últimos quince años. Hoy en día, tienen un vibrante ministerio para niños que está influenciando el mundo. Pero esto no sucedió de la noche a la mañana. Ellos tuvieron que predicar sobre el fundamento bíblico para los niños y fielmente dirigir el proceso. El cambio no llegó ni rápido, ni fácil. Tuvieron que recordar constantemente a la iglesia de las razones bíblicas para el ministerio de los niños y de las recompensas celestiales por servir a Jesús. Avanzando rápidamente quince años adelante, vemos a muchos de esos niños ahora como líderes en la iglesia. Hacer discípulos a los niños es ahora una forma de vida en la

Vid, pero no siempre fue así. Y todavía toma trabajo batallar contra la duda y mantener la visión.

Mario Vega enseña regularmente sobre la prioridad de los niños y la necesidad de prepararlos ya. Uno de sus temas de seminario es los niños en el ministerio celular. Ha invertido mucho tiempo en el desarrollo del equipamiento de discipulado para líderes de células infantiles. Los que están en la iglesia comprenden que a Mario le apasiona desarrollar niños y que está comprometido a darles prioridad, tanto en la célula como en la celebración. Los laicos saben que la preparación para dirigir células para niños es importante para Dios, el pastor principal, y la visión a largo plazo de la iglesia.

El pastor Keison en la Iglesia Misión Cristiana para el Mundo en Venezuela, respira la visión de los niños. Desde el momento en que entré en la iglesia, yo sabía cuál era su prioridad—preparar el futuro discipulando a los niños ahora. Escuché la historia de su viaje a Gales en varias ocasiones—y, no sólo de labios del pastor Keison sino de su equipo de liderazgo. El liderazgo me animó a ver videos del ministerio de niños en acción, hablar con los adolescentes que dirigen grupos celulares, y llevarme a casa su literatura. Mi propósito de estar en la iglesia era enseñar a los adultos acerca del ministerio celular, pero me retiré con una claridad y entusiasmo por dar prioridad al discipulado de los niños.

HABLANDO SOBRE LA VISÓN

El lanzamiento de la visión juega un papel importante en este proceso. En el comienzo de este libro, yo presenté la base bíblica para la colocación de una prioridad en el discipulado de los niños, tanto en las casas como en la iglesia basada en células. Mientras el pastor ponga en relieve la base bíblica para hacer discípulos de los niños, la congregación entenderá la motivación para la concentración de los niños en este momento. El pastor tendrá que lanzar la visión al equipo de liderazgo, a los miembros de la célula durante reuniones especiales, y a los que se reúnan el domingo por la mañana. El objetivo es que los padres poco a poco comiencen a dar prioridad a su propia participación en la apertura de sus hogares, asegurándose que sus hijos estén en el equipamiento, llevando a sus hijos con ellos a los grupos celulares, y transportando a sus hijos a grupos celulares cuando ellos mismos no estén involucrados.

Junto con predicar la Palabra de Dios también es necesario reconocer a aquellos que están ministrando a los niños, tanto en la célula como en la celebración. Pablo dice en 1 Tesalonicenses 5:12, ". . . reconozcáis a los que trabajan entre vosotros . . ." (NVI). La palabra griega significa literalmente *percibir* o *conocer* a los que trabajan. Reconocimiento significa precisamente reconocer las labores diligentes de los líderes de niños, de los que ministran en los Espacios para Niños, o de los que enseñan a los niños en el equipamiento o en la reunión de celebración más grande. El propósito del reconocimiento es honrar y afirmar el duro trabajo de los que ministrar a los niños.

EJEMPLIFICANDO

El viejo dicho es cierto, "pon tu dinero donde está tu boca." Si los niños son una prioridad, la iglesia necesita presupuestar dinero para el ministerio de los niños. Me refiero presupuestar dinero para los materiales, el personal y el equipamiento. El ministerio de Roberto Lay, por ejemplo, ha desarrollado un excelente conjunto de materiales para las iglesias que desean conectar a la célula con la celebración, y la casa. Sin embargo, los materiales cuestan dinero y las iglesias tienen que estar dispuestos a apartar dinero en el presupuesto para comprar los materiales de cada año.

Pablo dijo: "Sigan mi ejemplo, como yo sigo el ejemplo de Cristo" (1 Cor. 11: 1). Brian Kannel, pastor principal de la Iglesia York Alliance, dirige personalmente un grupo intergeneracional. Su propio ejemplo habla a los de la iglesia. Él es capaz de conectar ilustraciones de los sermones con su propia célula, lo cual anima a otros a involucrarse. El poder del ejemplo es un fuerte estímulo para animar a los padres a seguir sus pasos.

El pastor Keison y Belkys en la iglesia Misión Cristiana para el Mundo no sólo han construido su iglesia pensando en los niños, sino que también su familia les da prioridad a los niños, habiendo adoptado a ocho huérfanos. Ellos están viviendo la vida que quieren que otros sigan.

EQUIPANDO EL CÍRCULO FAMILIAR

Si bien es importante ayudar a los padres a involucrarse en el ministerio de los niños en la iglesia local, es aún más importante que los padres se preocupen por sus hijos en el hogar. Yo llamo a esto la célula interna, la célula familiar. Este pequeño grupo interno, debe recibir la máxima prioridad. La Escritura es clara: "Instruye al niño en su camino, Y aun cuando fuere viejo no se apartará de él" (Prov. 22: 6). El escritor de Proverbios está hablando directamente a los padres en este versículo. Pablo también atribuye la responsabilidad a los padres, cuando dice: "Y vosotros, padres, no provoquéis a ira a vuestros hijos, sino criadlos en disciplina y amonestación del Señor" (Ef. 6: 4).

Estoy en desacuerdo con aquellos que enseñan que la iglesia es más responsable que los padres de discipular a los niños. Creo que el orden es claro: Dios primero, cónyuge segundo y familia tercero. El ministerio de la Iglesia viene después. Y una de las funciones más importantes de la iglesia es equipar a los padres a desarrollar sus propios hijos. Mike Sciarra escribe:

> ¡Tenemos que volver a educar a los padres acerca de sus roles como los primeros formadores de fe de sus hijos! Muchos padres carecen de la confianza y las habilidades para tomar cómodamente un papel de liderazgo. ¡Tú sabrás si está funcionando si tu nivel de estrés disminuye, tu alegría por el ministerio aumenta, y si tienes a personas en tu equipo que están entusiasmadas por las mismas cosas por las que estás tú![79]

El equipamiento de la iglesia debe ir dirigido a ayudar a los padres a vivir el evangelio delante de sus hijos. Por supuesto, no todos los niños vienen de hogares cristianos y, a veces la iglesia debe asumir el papel de uno de los padres en el desarrollo de la vida espiritual de los niños. Sin embargo, un papel esencial de la iglesia es enseñar a los padres sobre cómo modelar la fe cristiana en el hogar.

Los padres están en la primera línea en cuanto a modelar el cristianismo a sus hijos y dejar que ellos vean de cerca que Jesús está vivo a través de sus estilos de vida. El experto en educación cristiana, Lawrence O. Richards, escribe:

> Aquellos niños que creían que Dios era real para sus padres tenían un sentido de relación personal con Él. Los niños que sentían que Dios no era real para sus padres, lo vieron como una persona que era "una tradición", de quien "casi nunca se habla", y que simplemente "no importa"[80].

Mientras Richards investigaba a niños de hogares cristianos que continuaron siguiendo a Jesús, señaló lo siguiente: "De alguna manera la fe de los padres fue captada, e incluso los que tenían toda la información correcta acerca de Dios, pudieron redactar composiciones perfectas en una prueba acerca de cómo es Él, no sentían que lo conocían a menos que sintieran que de alguna manera Dios era real para "mamá y papá"[81]. "Esta idea de ser "real para mamá y papá" es el mejor testigo para los niños y lo que tendrá un impacto mucho mayor que toda la predicación y la enseñanza conjunta.

EL MODELAJE NO PLANIFICADO FORMÓ A LOS NIÑOS

En todo el Antiguo Testamento y en Deuteronomio más concretamente, vemos que los padres debían moldear y dar forma a sus hijos a través de las situaciones imprevistas y naturales de la vida (Dt. 6: 1, 2, 3, 17, 18). Se les recordaba específicamente a los padres de familia que la educación religiosa era una cosa del día a día que ocurría en cualquier momento, en cualquier lugar, incluso en esos momentos en los que eran conscientes de su influencia. La iglesia tiene que recordar constantemente a los padres que la enseñanza más eficaz es la de su estilo de vida.

Asistir a la iglesia el domingo y al grupo celular durante la semana ayudará a los adultos a crecer en el Señor, pero es su vida cotidiana vivida delante de sus hijos la que hará la diferencia. Vernon Anderson escribe:

> La educación cristiana no puede ser muy eficaz sin la cooperación de la casa. Los valores se les contagian a los niños. La palabra no dicha, la observación casual, y el comportamiento de los padres provocan una gran impresión sobre los niños. . . La casa—el centro del mundo del niño—existe en una comunidad.[82]

Lo mejor es que los niños vean la alegría de sus padres al adorar y obedecer al Señor de la creación. Cuando los niños ven a sus padres que pasan tiempo con Dios, ellos también responderán al Salvador. Una vez que los niños tengan este tipo de comprensión de Dios, estarán preparados para soportar las tensiones seductoras del mundo.

Lo opuesto también es cierto. Conozco a dos chicos que se habían criado en un "hogar cristiano". Estos dos chicos a menudo estaban en mi casa, jugaban con mis propios hijos, y teníamos muchas conversaciones acerca de Dios y la vida en general. Sin embargo, a medida que pasaban los años, estos dos chicos se convirtieron en ateos. La razón principal fue a causa de un padre que falló al vivir su fe. Este padre conocía a Jesús, entendía la Palabra, pero no fue transformado por el evangelio. Era un mal ejemplo en el hogar, irrespetaba a su esposa, y no podía controlar sus malas palabras y sus críticas a los demás. Él se apresuraba a etiquetar a las personas y a juzgarlas. Su ejemplo opresivo amargó a sus hijos respecto a la fe cristiana. Estos dos muchachos tomaron la decisión de convertirse en ateos y tendrán que rendir cuentas a Dios por sus acciones. Sin embargo, lo que vieron—o no vieron en el estilo de vida de su padre—alimentó su incredulidad.

Los padres deben darse cuenta que su función principal es preparar a sus hijos ahora, mientras puedan ser enseñables, disponibles y moldeables. Pronto van a estar solos en un mundo que es a menudo hostil al Evangelio. El apóstol Juan dice: "Sabemos que somos hijos de Dios, y que el mundo entero está bajo el control del maligno" (1 Juan 5:20). Los padres tienen que ver esos primeros años como un tiempo de preparación de los niños para el mundo incrédulo lleno de pensamientos impíos. Una de las funciones principales de la iglesia, por lo tanto, es preparar a los padres para discipular a sus propios hijos y prepararlos para amar y servir a Jesús.

Lo que los niños ven en esos primeros años es más importante que lo que escuchan. Ellos aprenden más de lo que hacen los adultos que de lo que los adultos dicen; son sensibles al currículo oculto. Los educadores llaman a esto "la educación informal". En los primeros años, la educación informal tiene lugar principalmente en el hogar y tiene un impacto directo, más que la enseñanza formal ofrecida en la iglesia o las escuelas. La educación informal es un proceso de toda la vida en la que las actitudes, valores, habilidades y conocimientos se adquieren por la experiencia diaria y recursos educativos en el entorno del niño. La frase común "los valores no se enseñan, se pegan" es una referencia a la educación informal que los niños experimentan en sus familias y en otras redes sociales y que son absorbidos en sus comportamientos y actitudes fundamentales. [83]

El papel de la iglesia es la de preparar a los padres para vivir la vida cristiana en frente de sus hijos, en lugar de esperar que la iglesia lo haga por ellos. Mike Sciarra escribe:

> Los padres son una idea de último momento para muchos pastores de niños. Sí, sinceramente queremos hacer una diferencia en las vidas de las familias de nuestros niños—para ayudar a los padres a ser más intencionales sobre la enseñanza de sus hijos, por ejemplo. Pero nuestra respuesta a ese deseo es añadir otro programa que no incluye a los padres y los hijos[84].

En lugar de una ocurrencia tardía, el equipamiento de los padres tiene que ser una prioridad. Los padres no sólo deben oír esto desde el púlpito, sino que los grupos celulares deben ser alentados a hablar sobre los éxitos y fracasos de la crianza de los hijos. Los grupos celulares son ambientes íntimos donde la transparencia debe ser una prioridad. Durante la lección celular o la oración o aún un tiempo después, los padres tienen que ser capaces de decir: "Ora por mí, tengo que controlar mi ira. Sé que esto está afectando negativamente a mi matrimonio, pero también está enviando señales equivocadas a mis hijos".

MINISTERIO RECÍPROCO

Aunque los padres tienen un papel primario en la formación de sus hijos, el proceso de discipulado es mutuo. Los niños suelen ser instrumentos de Dios para formar y "discipular" a los padres. Michael Ferris, un educador y autor quien de manera exitosa educó a tres hijas, escribió un libro llamado *What a Daughter Needs from Her Dad (Lo Que Una Hija Necesita De Su Padre)*. Él dice:

> Desde muy temprana edad tu hija sabrá cuando has tomado la decisión equivocada, o has emitido un juicio apropiado... Un padre que se niega a admitir un error o a trabajar en el cambio de pobres comportamientos inmaduros, cosechará la negación de una hija a confiar en él... Tu fiabilidad es resaltada cuando estás dispuesto a admitir el hecho evidente que has cometido un error[85].

La iglesia tiene que animar a los padres a admitir sus errores cuando los niños se los señalen. Es una opción mucho mejor y construye el respeto. Johnson y Bower escriben:

> Los niños sacan a relucir lo mejor y lo peor en los adultos. Sus situaciones pueden producir frustración intensa o placer; profundo dolor o alegría. Con niños en medio de ellos, los adultos encuentran un nuevo significado a la frase "hijo de Dios", y en lo que significa vivir esa amorosa, tierna relación[86].

Cuando los padres hablan con respeto el uno al otro, los niños crecen con el mismo respeto que se evidencia en sus conversaciones. Aquellos que ven a mama y papá disfrutando de los libros a menudo desarrollan un amor por la lectura. Internalizan valores mientras los ven y los viven. Los niños se fijan con detalle en lo que hacen los adultos. Desde el principio se dan cuenta de la diferencia entre lo que los padres les enseñan y lo que hacen.

En su camino a un evento de la iglesia, la esposa de un pastor tenía que recoger algo en una oficina del centro de la ciudad. "Cariño, oremos para que encontremos un puesto de aparcamiento justo en frente de la oficina", le dijo a su hija. Cuando llegaron, había un puesto de aparcamiento en frente de la oficina, pero otro carro había comenzado a girar hacía él. Sin desanimarse, la esposa del pastor se robó el espacio y alegremente apagó el carro. "Pero mamá", exclamó su hija sin poder creerlo, "él ya se estaba comenzando a parquear". "¿Oramos por un lugar, no es cierto? Es nuestro", respondió su madre. Más de cincuenta años después, la hija aún recuerda su decepción por la falta de integridad de su madre.

Los niños son perturbados por la doble moral y pierden el respeto a los padres que continúan demandándoles a ellos lo que ellos no están dispuestos a hacer por sí mismos. Aquellos padres que escuchan a sus hijos y que se miran a sí mismos a través de los ojos de sus hijos, crecerán en humildad, dependencia de Dios, y madurez en el caminar de la vida cristiana. En algunos casos, los padres tienen que relajar las normas establecidas para sus hijos, sabiendo que ellos mismos no están viviendo la vida que ellos esperan de sus hijos.

Esos momentos en que los niños se despiertan y ven a su mamá o a su papá leer la Palabra de Dios, intercediendo por un mundo perdido, o escuchando música de adoración harán una impresión duradera en el niño. Lo opuesto también es cierto. Si rara vez ven a sus padres pasar tiempo con Dios, no van a ser alentados a hacerlo ellos mismos. O al menos no van a considerar el tiempo de quietud como una prioridad. Peor aún, si escuchan a sus padres que enseñan a otros acerca de la prioridad del tiempo de quietud, pero luego ven un doble estándar en el hogar, se decepcionarán del evangelio.

Los niños tienen que descubrir a través de la observación que la religión no es sólo para el domingo en un edificio de la iglesia: Dios es importante para los adultos que ellos aman, durante toda la semana, en el hogar y en el trabajo. Los niños son bendecidos cuando las familias disfrutan de Dios juntos. La música para celebrar la bondad de Dios puede llamar a la familia hacia la presencia de Dios, ya que proporciona un telón de fondo para la vida o pantallas para los ruidos que distraen, por lo que un pequeño podrá de esta manera conciliar el sueño. Y en tiempos regulares o especiales de oración, las familias también pueden invitar y disfrutar de la presencia de Dios. Los niños también son profundamente influenciados por la forma en que los adultos que son importantes en sus vidas responden a eventos inesperados.

Muchos de esos momentos importantes de enseñanza vienen a causa de las pruebas. En momentos de estrés y dolor, ¿ven los niños a sus padres recurrir a Dios y al pueblo de Dios para obtener fuerza y orientación? ¿Están dispuestos los padres a procesar con los niños las preguntas difíciles acerca de Dios y el dolor? ¿En tiempos de guerra y de tragedia escuchan a sus padres orar por todos los que sufren, incluyendo a sus enemigos? En otras palabras, es fundamental que los niños vean una verdadera fe siendo perfeccionada en el crisol de la vida. Una madre soltera dijo, "Todos mis hijos tienen una verdadera comprensión de Dios porque somos una familia que vive por la fe. Ha habido momentos en los que hemos estado aferrados a sólo a Él y he dicho: 'OK, Dios, no hay nada que pueda hacer, y Dios siempre viene al rescate. Los niños lo saben'"[87].

EQUIPANDO EN LAS DISCIPLINAS ESPIRITUALES

La iglesia necesita equipar a los padres en el ámbito de la oración. Los padres deben recordar que ellos están en una batalla espiritual (Ef. 6:12). A satanás le encantaría desviar a los niños a seguir los caminos del mundo y los padres son los principales guerreros de oración que deben pararse a la brecha por ellos.

Para asegurar que esto pueda ser así, es esencial que la iglesia equipe a los padres sobre cómo luchar espiritualmente por sus hijos a través de la oración diaria, y también teniendo un tiempo devocional diario.

El tiempo de quietud de la familia es el mejor momento para que los padres críen a los niños en los caminos de Dios y para realmente prepararlos para la vida con Cristo. La iglesia debe animar a los padres a tener devocionales con sus hijos todos los días. Los padres pueden desempeñar un papel de cambio de vida en el discipulado de sus hijos a través de un tiempo devocional diario. Es como tener un grupo celular con los niños cada día, en el que el/los padre(s) y los niños pueden adorar, hablar de las luchas personales, meditar en la Palabra de Dios, e incluso pedirles a sus hijos escuchar y responder a la voz de Dios. Algunos padres prefieren seguir una guía devocional mientras que otros padres crean su propia guía. El objetivo principal es ayudar a los niños a desarrollar su propia sensibilidad a Dios y escuchar la voz de Jesús por sí mismos.

La Iglesia necesita también equipar a los padres a tomar un día libre cada semana. Muchas iglesias evitan este tema, tal vez porque su énfasis está en las tareas y el ocupado trabajo ministerial. Sin embargo, una iglesia que honra a Dios prioriza el equipamiento de los padres para atender a sus propias familias primero y sólo secundariamente para servir en la iglesia. Tomar un día de descanso es esencial— tanto para los padres como para los miembros de la familia. Le da a la familia la oportunidad de divertirse, tomar fuerzas y afrontar el día con nuevo vigor. Ayuda a la familia a mantener relaciones sólidas. Platón una vez escribió: "Puedes aprender más acerca de un hombre en una hora de juego que en un año de conversación"[88].

COMENZANDO CON EL MATRIMONIO

Una de las cosas más importantes que la iglesia puede hacer es equipar a los padres a tener matrimonios saludables. Los niños sanos, las células sanas y las iglesias saludables todos comparten una base sólida en común—matrimonios fuertes. Los niños se sienten cuidados y amados cuando el marido y la mujer viven en armonía. La relación marido y mujer es el pegamento que hace que todas las relaciones funcionen. Lo mejor que puede hacer un padre por sus hijos es amar a su esposa.

Mi esposa Celyce y yo sabemos por experiencia que cuando estamos bien, nuestros hijos se sienten seguros. Cuando hago que mi esposa se sienta especial, mis hijos me honran de una manera especial. El desarrollo de una relación íntima con Celyce es uno de los mayores regalos que les puedo dar a mis hijos.

Un amigo cristiano que sufrió un divorcio recientemente recordó su hijo preguntando durante el proceso de divorcio: "Papá ¿Dónde está Dios en todo esto?" El hijo todavía no se ha recuperado. El pegamento del matrimonio, que se suponía iba a ayudar a este niño a crecer en su relación con Dios, ha desaparecido. Una razón por la que Dios odia el divorcio es porque los hijos sufren en el proceso. Malaquías dice:

> ¿No hizo él uno, habiendo en él abundancia de espíritu? ¿Y por qué uno? Porque buscaba una descendencia para Dios. Guardaos, pues, en vuestro espíritu, y no seáis desleales para con la mujer de vuestra juventud.
>
> Porque Jehová Dios de Israel ha dicho que él aborrece el repudio, y al que cubre de iniquidad su vestido, dijo

Jehová de los ejércitos. Guardaos, pues, en vuestro espíritu, y no seáis desleales. (Mal. 2:15-16)

Dios desea que los hijos vean la comunidad vivida entre el padre y la madre. Cuando esto no es el caso, se desarrolla la inseguridad. A menudo surge la amargura hacia el padre debido a la vaga desesperanza que el niño siente acerca de sus propias perspectivas en el desarrollo de estrechas relaciones con los amigos y una futura cónyuge. Padres inconsistentes producen niños inseguros. Dios está buscando una descendencia piadosa mientras los padres priorizan una relación piadosa entre ellos y sus hijos[89].

La iglesia está llamada a equipar a los esposos y esposas a través de la enseñanza bíblica, el equipamiento de discipulado, e incluso a centrarse en el matrimonio en el grupo celular. Una iglesia, por ejemplo, podría enseñar durante siete semanas sobre el matrimonio y luego aplicar esos mensajes en el grupo celular, donde las personas puedan responder acerca de sus propios matrimonios. Otra iglesia hizo una serie de cinco semanas sobre el matrimonio conectada con una famosa serie de videos sobre ese tema. Los grupos celulares vieron el video de 30 minutos cada semana y respondieron a las preguntas. Después de que finalizara la serie de cinco semanas, continuaron con los mensajes basados en un sermón normal. El papel de la iglesia, por lo tanto, es equipar a los padres, ya sean solteros o casados.

Las iglesias deben ser creativas en el equipamiento de los padres, pidiendo al Espíritu Santo sabiduría para hacer un mejor trabajo. El equipamiento en la iglesia celular se extiende a la celebración, la célula, y la supervisión de los líderes sobre cómo sus matrimonios están progresando.

TOMA EL SIGUIENTE PASO

Los pastores y líderes a veces pueden sentirse abrumados mientras dan prioridad al equipamiento de los padres para de esa manera dar prioridad al discipulado de los niños. Pero es importante recordar que el primer paso no tiene que ser grande. Mi consejo para los pastores y líderes es empezar poco a poco. Les recuerdo que no tienen que tener—no tendrán—todo resuelto cuando empiecen. Pero es mucho más grave dejar de intentarlo. El siguiente capítulo articulará una serie de pasos con el objetivo de hacer factible la transición al ministerio celular de niños a pastores y líderes que están contemplando su próxima jugada.

Capítulo 9

Cultivando la Visión

Un pastor me escribió en su frustración: "He tratado de incluir a los niños en nuestro ministerio celular durante muchos años y he fracasado cada vez. ¿Qué hago ahora?" Compartí con él lo que otras iglesias están haciendo, algunos grandes libros sobre el tema, y en general le animé. Sin embargo, muchos pastores necesitan más. A ellos les gustaría un proceso paso por paso para la inclusión de los niños en el proceso de discipulado.

Tal vez el tema de los niños en el ministerio celular es un concepto completamente nuevo para ti. No estás aún listo para comenzar las células infantiles, porque primero tienes que comprender la visión tú mismo. Pero no te detengas allí. Realiza los pasos necesarios para pasar de la etapa de la visión a la fase de planificación hasta la implementación real.

Donde quiera que estés en el camino, da el paso que es el más apropiado para ti. Pero da el paso necesario. La famosa máxima china encierra una verdad: El viaje de mil millas comienza con un solo paso. ¿Cuál es el primer paso que debes tomar?

PASO 1: ARTICULA LA VISIÓN

En el capítulo dos, hablé acerca de una nueva visión de los niños en el ministerio celular. En los últimos capítulos hemos visto cómo otros están implementando esta estrategia. Asegúrate de que comiences con esos valores y prioridades que guiarán tu enseñanza y estrategias a largo plazo. Comenzar con grupos celulares infantiles sólo porque alguien más lo está haciendo no te sostendrá cuando las dificultades vengan. Y vendrán. Tú debes tener un conjunto de profundas convicciones y valores de las que puedas echar mano cuando se produzcan los problemas.

Lo he dicho una y otra vez y de muchas maneras diferentes que tenemos que ver a los niños como discípulos que pueden hacer otros discípulos, en lugar de esperar a que se conviertan en jóvenes o adultos. He tratado de aclarar la forma como el ministerio de la iglesia celular es una gran manera de hacer esto.

Es posible que tengas una forma diferente de aclarar cómo es tu visión. Lo importante es tomar el tiempo necesario para orar y formular por qué quieres empezar a dar prioridad a los niños. Si eres el pastor principal, reúnete con miembros clave del equipo, ya sea que estos miembros del equipo sean líderes de células, ancianos, o personal remunerado. Ten un retiro. Lee las Escrituras. Determina cómo incluirás específicamente a los niños en tu visión general basada en células.

La Iglesia la Vid aclara cuál es su visión así:

1. Dios es un Dios de Generaciones. Él está interesado en que una generación gane a la próxima. Tenemos que pasarle la batuta de la fe de manera segura a la próxima generación, para que nuestro trabajo no sea en vano.

2. Los niños son parte del cuerpo de Cristo. Si ellos son parte del cuerpo de Cristo, no debemos olvidarlos.

3. Debemos recordar que estamos criando una generación de discípulos de Cristo, y este proceso comienza con los niños.

Es aconsejable que te aclares cuál es tu motivación para dar prioridad a los niños, al igual que lo hizo la Iglesia la Vid. A medida que el equipo pastoral determina los valores, estas convicciones ayudarán a la iglesia a saber cómo invertir tiempo, energía y recursos para los niños. Y a continuación, escribe la visión. Lorna Jenkins habla de la transición que hizo la Iglesia Bautista Comunidad de Fe al priorizar a los niños en el ministerio celular. Primero hubo la necesidad de articular la visión, pero el segundo paso fue escribirla para darle más permanencia.

PASO 2: PREPARA A LOS PADRES Y A LA IGLESIA

Cuando la Iglesia Bautista Comunidad de Fe hizo la transición a las células intergeneracionales, había una percepción sentida que los niños no se incluían suficientemente en la vida de la iglesia. Algunas de las razones fueron las siguientes:

- Muchas familias simplemente entregaban sus responsabilidades a la iglesia.
- Los niños estaban siendo considerados un departamento separado en la iglesia.
- La evangelización de los niños quedaba a cargo, en gran parte, de los líderes de los niños.
- Nadie esperaba mucho de los niños.

A pesar de que el personal se daba cuenta que había una necesidad de cambio, los líderes de la iglesia tenían que convencer también a los padres. Jenkins escribe:

> Tuvimos que convencer a los grupos celulares que sería bueno tener a los niños allí. Tuvimos que convencer a

los padres que sus hijos no se estarían perdiendo de su enseñanza bíblica. Tuvimos que convencer a los niños que no se iban a morir de aburrimiento. Sobre todo, tuvimos que convencer a los líderes de los niños que a los padres se le podían confiar los niños[90].

El primer paso en la preparación de los padres es basarnos en las verdades bíblicas de los niños en el ministerio celular, por qué es importante, y cómo los niños y los padres se beneficiarán como resultado de esta nueva integración. Los padres deben saber que los niños van a pasar más tiempo con sus familias en la adoración y que como resultado tanto los padres como los niños crecerán.

Señale el camino a los padres de vuelta a la casa del Nuevo Testamento al ministerio casa por casa, en el que las iglesias estaban en la casa, y los niños jugaron un papel vital. El ministerio celular en la casa ofrece mucha más oportunidad para vivir la fe, mientras los niños se integran en la vida de la iglesia "verdadera". Ellos verán a sus padres participar activamente en la adoración, la comunión, la camaradería y la Palabra—no como espectadores sino como participantes.

Algunos se resistirán, pensando que la única manera de ministrar a los niños es por medio de los programas de enseñanza el día domingo. La realidad es que el ministerio celular para niños da relevancia a la enseñanza del domingo mediante la aplicación de la enseñanza de la iglesia en los grupos celulares semanales, donde la iglesia puede hacer preguntas e interactuar con la enseñanza.

En segundo lugar, ayudará a los padres a darse cuenta que, en un grupo pequeño, los niños podrán experimentar lo que significa ser criado en el contexto de una familia. La fe es capturada a través de relaciones de calidad y no de programas de calidad.

En tercer lugar, prepara a los padres para ser hospitalarios. En términos prácticos, esto significa que los padres son enseñados para que coloquen a las personas antes que a las cosas, a hacer discípulos de los niños delante de alfombras limpias, y a visualizar la casa como un lugar de ministerio en lugar de un castillo privado. La realidad es que el ministerio del Nuevo Testamento de casa por casa requerirá sacrificio. El trabajo con los niños en los hogares también requiere de un debate continuo entre los padres y la iglesia.

En cuarto lugar, es prudente recordar a los padres que los niños son adaptables y les encantará el cambio. Los adultos son los que necesitan entender cuál es su punto de vista sobre la inclusión de los niños en la vida de la iglesia. Los padres deberían ayudar a sus hijos a hacer los ajustes, pero todo el grupo participa con su actitud que debe cambiar hacia los niños. La buena noticia es que los adultos podrán ver y escuchar algunas cosas maravillosas de los niños[91].

PASO 3: COMPRENDE EL PROCESO DEL CAMBIO

Dar prioridad a los niños en el ministerio celular tomará tiempo. Recuerda el muy conocido adagio: "Todo toma más tiempo de lo esperado; aun cuando esperes que tome más tiempo de lo esperado". De hecho, en cualquier momento lo nuevo que se introduzca en la vida de la iglesia, existe la posibilidad que produzca conflicto. La introducción de las células intergeneracionales o sólo de niños involucra cambio.

La gestión de la dinámica del cambio es uno de los temas más importantes a los que el liderazgo se enfrentará en el inicio o la reconstrucción del ministerio de niños. Si los cambios se manejan bien, la introducción de células intergeneracionales o de sólo para niños, serán una gran bendición para la iglesia.

La gente necesita tiempo para procesar las ideas. Sus cabezas asentirán con entusiasmo al oír hablar sobre dar prioridad a los niños en grupos pequeños, pero a menudo no habrán digerido las implicaciones. Recuerden que las diferentes personas responden a los cambios a un ritmo diferente, y que esto se basa necesariamente en la madurez espiritual.

Involucrar a los niños en el ministerio celular tomará tiempo porque la gente le gusta mantener el status quo. Una vez que una organización o sistema agarra el ritmo, tiende a continuar en la misma dirección. Las personas se sienten cómodas con sus tradiciones y patrones.

A todo el mundo le gusta lo nuevo—por un tiempo. Pero a la hora de la verdad, van a buscar lo viejo, lo establecido, y lo tradicional. Esta es la naturaleza humana. La gente pueda que se emocione por incluir a los niños, pero cuando se trata de su compromiso, de llevar a los niños a las células, será fácil volver a los viejos patrones.

Me gusta usar la frase "contracciones programáticas de la rodilla" para describir lo que sucede después de que el cambio inicia. De repente, la gente comienza a darse cuenta que el cambio va a afectarles en los detalles prácticos de la vida diaria. Podría afectar la agenda normal de los niños o por tener que decir que no a algo más con el fin de encontrar tiempo en el horario para ellos. Sí, el sistema va a empujar hacia atrás. Está consciente de ello.

En los primeros días de largos viajes por el mar, el escorbuto (una enfermedad que resulta de una deficiencia de vitamina C) mató a más marineros que la guerra, los accidentes y otras causas de muerte. En 1601, el capitán James Lancaster de la marina británica llevó a cabo un experimento para evaluar la efectividad del jugo de limón para prevenir el escorbuto en cuatro naves. Dio porciones diarias de jugo de limón a los hombres en un barco, mientras que los hombres a bordo de los otros tres barcos no recibieron nada. Aquellos en el barco que recibieron el jugo de limón se mantuvieron saludables, mientras que 110 de los 278 hombres en los otros tres barcos murieron de escorbuto.

Los resultados fueron tan claros que hubiéramos esperado que toda la armada británica adoptara de inmediato la nueva cura. Lamentablemente, no fue hasta 1795 (194 años después) que "el jugo de los cítricos" fue adoptado como la cura oficial para el escorbuto de los marinos británicos. Parte de la razón para resistirse provino de los remedios de la competencia que se ofrecían en el momento. Baste decir, hubo muchos factores que obstaculizaron la plena aceptación del remedio de los cítricos[92].

La innovación a menudo se difunde lentamente. Hay muchos factores—que a menudo son inexplicables—contribuyen a esta resistencia. Recuerda que debes tratar con ternura a los de tu iglesia mientras les presentas la visión. Dale a la gente tiempo para procesar las nuevas ideas mientras les explicas detenidamente cómo los cambios beneficiarán a sus familias. Aprender a manejar la dinámica de cambio te ayudará a trabajar a través del conflicto y a establecer un ministerio efectivo y duradero para los niños en la iglesia celular.

PASO 4: COMIENZA CON UN GRUPO PILOTO

Es una gran idea hacer de tu primer grupo intergeneracional o de sólo para niños un prototipo de grupo con adultos emocionalmente sanos y niños que son más o menos estables. ¿Por qué? Porque es importante empezar con un éxito que con un fracaso. Las pruebas vendrán muy pronto, pero las victorias de corto plazo tendrán un efecto psicológico positivo y duradero.

El diccionario define un prototipo como "un tipo original, una forma o instancia que sirve como modelo en el que posteriores etapas se basan o son juzgadas". En la primera etapa de la transición, es importante que otros usuarios puedan ver un éxito y una inspiración para que otros la puedan seguir.

Si la iglesia decide hacer células intergeneracionales, la primera debe ser dirigida por la persona a cargo. Si la iglesia apenas comienza el ministerio celular, la primera célula intergeneracional debe ser dirigida por el pastor principal de la iglesia. Si la iglesia ya cuenta con grupos celulares, pero está comenzando con las células de los niños, tal vez la esposa del pastor principal la podría dirigir o la persona a cargo del ministerio celular de los niños.

Lorna Jenkins explica cómo la Iglesia Bautista Comunidad de Fe comenzó su primer grupo piloto de niños. Practicaron un formato de dos partes en el que los niños estaban con los adultos para el rompehielos y adoración. Los niños después eran llevados al Espacio para Niños en otra habitación. Eligieron empezar el primer grupo en un hogar donde los padres estaban dispuestos a involucrar a sus hijos. La Iglesia Bautista Comunidad de Fe quería asegurarse que su primer grupo piloto fuera un éxito. Mientras trabajaban con los problemas en el primer grupo piloto, lo multiplicaban y luego equipaban a más líderes, la visión celular intergeneracional comenzó a crecer y a convertirse en parte de la estrategia de la iglesia.

Cuando iniciamos un grupo piloto estamos diciendo que el ministerio celular de niños es mejor "vivirlo que enseñarlo". En lugar de empezar la transición "enseñando" a las personas sobre este nuevo enfoque, lo mejor es primero permitir a otros "experimentar" el ministerio celular de niños. Esos primeros líderes luego impartirán a otros lo que ellos experimentaron en el grupo inicial. Los errores cometidos en la fase de prototipo son más fácilmente corregidos antes que se extiendan a lo largo de un sistema de grupos. Los líderes clave son parte del proceso desde el principio, por lo que es más probable que apoyarán activamente el ministerio de grupos pequeños. Incluso Jesús comenzó formando su propia célula prototipo. Pasó años desarrollando el modelo. No podía permitirse el fracaso.

Después de un cierto período, el primer grupo intergeneracional debe enviar a los primeros adultos con sus hijos para comenzar nuevos grupos intergeneracionales. Siempre es mejor empezar nuevos grupos en al menos un equipo de dos. Así que, si hay doce adultos y ocho niños en el grupo piloto, tal vez el grupo piloto podría dar a luz a tres o cuatro nuevos grupos intergeneracionales. ¿Cuánto tiempo debe pasar antes de que esto suceda? Recomendaría entre tres a seis meses.

Supervisar nuevos grupos piloto es importante cuando también se tienen grupos sólo para niños. Tú tienes que empezar poco a poco, resolver los problemas, y luego desarrollar nuevos grupos mientras los problemas se resuelven. Tal vez puedas iniciar el grupo piloto al mismo tiempo que un grupo de adultos se lleva a cabo, pero en otra habitación o área de la casa. El grupo inicial debe ser monitorizado o supervisado de cerca por los que están en el liderazgo del ministerio celular de los niños. Un equipo de líderes debe dirigir el grupo inicial con el objetivo de multiplicar nuevos grupos sólo para niños. La Iglesia la Vid comenzó poco a poco en el año 2000, hizo los ajustes necesarios, y continuó perfeccionándose y creciendo.

La transición no es un camino fácil, y es donde muchas iglesias fallan. Una visión para grupos celulares de los niños requiere una actitud completamente diferente hacia los niños. No contar con el costo y no adoptar las medidas necesarias para garantizar el éxito darán lugar a un estancamiento e incluso a una resistencia a futuro.

PASO 5: AJUSTA Y PERFECCIONA

Nunca has de haber terminado por completo. Simplemente estarás en el proceso de perfeccionar lo que tienes. Una iglesia nunca llega a la perfección. Siempre hay espacio para mejorar. Siempre estarás perfeccionando la dinámica del grupo, el equipamiento de discipulado, y la forma de supervisar a los líderes de células infantiles.

De hecho, en el momento en que una iglesia piensa que ha llegado a la perfección, es probable que ya haya comenzado su espiral descendente. John P. Kotter, profesor de negocios en la Universidad de Harvard, escribió un libro llamado *Leading Change* (Liderando el cambio), en el que habla sobre la complacencia como la enemiga del progreso[93]. El consejo de Kotter es practicar la honestidad a nivel intestinal y evitar la sensación de complacencia a toda costa.

La Iglesia la Vid se ha destacado en su estructura celular, en parte porque han desarrollado una estructura de primera clase de supervisión para los líderes de células de todos los niños. Cada líder de una célula infantil tiene un supervisor que se reúne con el líder de cada semana. El perfeccionamiento de su estructura de supervisión ha tomado un largo, largo tiempo con muchas revisiones en el camino.

El equipamiento de discipulado es otra área que necesita ser afinada. Tal vez continuarás utilizando la que ya tienes, adaptándola para las necesidades de los niños. O tal vez podrías utilizar el equipamiento de otras personas, como el de Daphne Kirk *Living with Jesus (Viviendo con Jesús)*[94]. O podrías seguir el ejemplo de la Iglesia la Vid que hace parte del equipamiento cuando los niños están más pequeños, pero termina el equipamiento después que el niño cumple doce[95].

Otra área que necesita estar siendo constantemente evaluada y mejorada es el reclutamiento de nuevos servidores para la enseñanza de los niños en las reuniones más grandes y las células. Los nuevos servidores son siempre necesarios para reemplazar a los que abandonan el servicio y para abrir nuevos grupos. El reconocimiento a los que ministran a los niños es un área a menudo pasada por alto. La mayoría de las iglesias tienen que mejorar en esta área. Y aunque el líder sabe que su recompensa está en el cielo, Dios nos dice que debemos apreciar a los que trabajan entre nosotros (1 Tes. 5:12).

NO ESPERES

No esperes la perfección antes de comenzar tu ministerio celular para niños. A pesar que es importante pasar el tiempo suficiente para captar realmente los valores y el fundamento bíblico detrás del ministerio celular, lo mejor es adentrarse y perfeccionar el proceso a medida que avanza. Te adaptarás a medida que sigues adelante. Dios te dará una visión a medida que transitas por este camino, porque Él está más interesado de lo que tú estás, en discipular a los niños para que ellos continúen el proceso de discipulado.

Capítulo 10

Errores de la Visión

Cuando la gente prueba algo nuevo, rara vez logran que les salgan bien las cosas la primera o segunda vez—y con frecuencia se cometen errores todavía después de tres o cuatro intentos más. De hecho, los seres humanos crecen y maduran a través de la prueba y error. La clave es aprender de los errores y no permitir que el desaliento tome el control. Proverbios 24:16 dice: "Porque siete veces cae el justo, y vuelve a levantarse; Mas los impíos caerán en el mal".

John Maxwell escribió un libro llamado *Failing Forward* (Fracasando), que es un título apropiado para aquellos que están priorizando a los niños en el ministerio celular[96]. El libro de Maxwell es un recordatorio que el fracaso es la puerta trasera para el éxito, y Dios usará los errores para enseñar y perfeccionar.

Tú cometerás errores con los niños en el ministerio celular. Tendrás que ajustar. Eso sí, no cometas el error de no tratar de trabajar por solventar los errores. Dios sólo nos pide seguir adelante. Él no puede usarnos si estamos pasivos. Nosotros sólo aprendemos y crecemos a medida que avanzamos con la voluntad de hacer y superar nuestros errores. Henry Cloud y

John Townsend escribió un excelente libro titulado *Boundaries (Límites)*, y Dicen:

> La gracia de Dios cubre el fracaso, pero no puede compensar la pasividad. Tenemos que hacer nuestra parte. El pecado que Dios reprende no es probar y fallar, sino fallar en probar. La acción de probar y fallar, y probar otra vez tiene como nombre aprendizaje. Fallar en probar no traerá un buen resultado; el mal triunfará. Dios expresa su opinión hacia la pasividad en Hebreos 10: 38-39: "Mas el justo vivirá por fe; Y si retrocediere, no agradará a mi alma…". La indiferencia es intolerable para Dios, y cuando entendemos lo destructivo que es para el alma, podemos ver por qué Dios no la tolera[97].

Al leer este capítulo, es posible que te identifiques con algunos de los errores cometidos en el ministerio para niños. Aquí están algunos:

NO DARLE PRIORIDAD A LA CONDICIÓN ESPIRITUAL DEL NIÑO

Debido al carácter tierno y dulce de los niños, las personas adoptan una actitud amorosa y condescendiente. Esto está bien, siempre y cuando a las necesidades espirituales de un niño se les esté dando una alta prioridad. En otras palabras, uno de los mayores errores es *no* tomar en serio la condición espiritual del niño[98]. Cada niño tiene necesidades particulares que debemos tratar de suplir.

Las células infantiles no deberían convertirse en un juego. Los niños tienen necesidades espirituales equivalentes a las de los adultos. Su principal necesidad es conocer a Jesús. Es una verdadera batalla espiritual—la que se tiene que pelear por la salvación de los niños. Ésta involucra la oración, la enseñanza de la Palabra de Dios y la dependencia en el Espíritu Santo.

Los niños, como los adultos, tienen poderosos testimonios de salvación y del uso de sus dones espirituales. He oído hablar de un líder de un grupo que pidió oración por una amiga que tenía un dolor de cabeza a causa de la migraña. Ella le pidió a uno de los niños orar por ella. "Querido Señor Jesús", oró el niño, "por favor, quítale el dolor de cabeza, quítale el dolor y no dejes que muera". "¡Todos se rieron y empezaron a explicarle al niño que nadie se muere de un dolor de cabeza por migraña! Al día siguiente, el líder telefoneó para preguntar cómo estaba el dolor de cabeza. "¿No has oído?", Fue la respuesta, "No fue una migraña, era meningitis". ¡Y ella no murió![99] La fe sencilla tan a menudo elude a los adultos, mientras que los niños no tienen los mismos obstáculos.

El arrepentimiento, el nuevo nacimiento y experiencias de encuentros con Dios también ocurren entre los niños. Pero debido a que son niños, existe el riesgo de minimizar esas experiencias, o de no darles la importancia que les corresponde.

El hecho de que son niños no significa que sus oraciones, canciones y lágrimas no tienen legitimidad. Tal vez ellos no pueden articular sus experiencias teológicamente como un adulto, pero eso no disminuye su autenticidad. Recuerda que Jesús puso a los niños de ejemplo.

Dado que los niños hablan en un lenguaje imaginativo, los adultos no escuchan lo que hay detrás de sus "divagaciones". Debido a que los niños no tienen una experiencia de vida de qué hablar, su noción de cómo el mundo funciona puede ir bastante lejos de la realidad. Tenemos que recordar que a menudo los niños sueñan con un futuro lejano que cambiará muchas veces antes de que se conviertan en mayores. Sin embargo, sí tenemos que escucharlos y afirmar sus sueños y visiones[100]. Tenemos que tomarlos en serio y prepararlos como discípulos, como lo haríamos con cualquier otra persona.

NO TOMAR EN SERIO EL PROCESO DE DISCIPULADO

Cuando un niño ha nacido de nuevo, él o ella debe ser nutrido y educado. Su deseo de ser bautizado y participar de la Cena del Señor debe ser tomado en serio. Todas sus experiencias de fe son tan reales como la de los adultos. Los niños necesitan ser preparados para caminar con Dios a diario. Es fácil pasar por alto que los niños, como los adultos, necesitan practicar la presencia de Dios y las disciplinas espirituales. Ivy Beckwith escribe:

> Muchas de las disciplinas espirituales tradicionales pueden ser practicadas de manera significativa por los niños. . . Creo que una de las cosas importantes sobre la práctica de la meditación, y de enseñar a nuestros hijos a practicar la meditación, es que tiene que ser hecho en silencio. Vivimos en un mundo muy ruidoso, y los niños rara vez están en silencio o callados. Es imposible escuchar la voz de Dios y reflexionar sobre ella en ambientes ruidosos. Creo que hay algunos adultos por ahí que no piensan que los niños puedan o quieran "hacer" silencio. Bueno, ellos pueden hacer silencio y disfrutar de él cuando se les ofrece[101].

Ralph Neighbour ha llegado a la conclusión que la mayor dificultad que enfrenta el movimiento de la iglesia celular es su fracaso para discipular a los niños y formar células para niños entre las edades de 5 y 13. Él escribe: "hace 79 años cuando era un niño de cinco años de edad, acepté a Jesús como mi Señor sentado en el regazo de mi padre. Me ha sorprendido conocer obreros cristianos que piensan que no es necesario enfocarse en cosechar niños"[102] . "Él continúa diciendo:

> Nuestra tendencia es el desarrollo de células para los jóvenes y adultos, relegando a los niños durante las

reuniones celulares a niñeras o para ver la televisión. La investigación de George Barna muestra que lo que una persona cree a los 13 años es más o menos lo que esa persona va a seguir creyendo a lo largo de su vida. Los niños entre las edades de 5 y 13 tienen un 32 por ciento de probabilidad de aceptar a Jesucristo como su Salvador. Esa probabilidad se reduce al 4 por ciento para los adolescentes entre las edades de 14 y 18, y aumenta de nuevo hasta el 6 por ciento para los adultos mayores de 18 años[103].

Muchos, muchos niños no conocen a Jesucristo y necesitan ser evangelizados y discipulados. Tenemos que trabajar por ellos y reconocer que Jesús quiere que la Iglesia sea un poderoso ejército para llevar a Jesús a los hombres y mujeres perdidos.

El trabajo de la iglesia con los padres es sólo un lado de la ecuación. La iglesia también tiene que trabajar directamente con los niños. Algunas iglesias y pastores afirman su responsabilidad de contribuir al desarrollo espiritual de los niños, pero fracasan al no respaldar esa afirmación con el tiempo, dinero y la planificación. El pastor que pasa todo su tiempo con adultos planificando los programas para adultos descuida una parte significativa de su rebaño[104].

NO VISUALIZAR A LOS NIÑOS COMO PARTICIPANTES COMPLETOS DEL REINO DE DIOS

Muchos tienden a ver a los niños como receptáculos en los que el maestro vierte el conocimiento de Dios y de la Biblia. Es cierto que la información acerca de Dios y la Escritura es importante para desarrollar la fe de un niño. Sin embargo, tenemos que darnos cuenta que Dios desea su alabanza (Sal 8:2 y Mat 21:16) y desea su atención y servicio (1 Sam. 3: 1-21).

Dios ve a los niños como participantes plenos en su reino. Jesús no dijo: "Los niños pertenecen al reino", dijo, "El reino pertenece a los niños" (Lucas 18: 15-17). Ellos no son sólo la Iglesia del mañana; ellos son la Iglesia del ahora. Los adultos pueden ser mayores en años terrenales, pero su alabanza y adoración no es más alta que la de los niños. La realidad es que a los ojos de Dios todos somos niños. Todos tenemos una relación padre-hijo con nuestro Padre en el cielo.

Ver a los niños como sacerdotes del Dios vivo, al igual que a los adultos, ayuda a empoderar su fe. Les anima a ver a Dios trabajando en sus propias vidas. Los grupos celulares para niños son excelentes vehículos para desarrollar el sacerdocio de todos los creyentes, incluyendo a los niños.

NO VALORAR SUS NECESIDADES EMOCIONALES

Muchos adultos trivializan o restan importancia a las emociones de sus hijos e incluso se justifican al hacerlo, repitiendo la frase que se usa a menudo, "Son sólo niños". Algunos padres racionalizan tal indiferencia con la creencia de que las preocupaciones de los niños sobre juguetes rotos o las reglas del patio de juegos son *insignificantes*, especialmente en comparación con las preocupaciones del tamaño adulto sobre cosas como la pérdida del empleo, la solvencia del matrimonio, o qué hacer con la deuda nacional. Además, ellos razonan que los niños pueden ser irracionales. John Gottman escribe:

> Al preguntarle cómo responde a la tristeza de su hija, un padre perplejo responde que no responderá en absoluto. "Estamos hablando de una niña de cuatro años de edad", él dice. Sus sentimientos de tristeza a menudo se "basan en su falta de comprensión de cómo funciona el mundo", y por lo tanto no vale mucho lo que ella piense[105].

Tal pensamiento es miope y equivocado.

Los adultos deben tomar a los niños en serio. Los que ministrar a los niños deben conocer y preocuparse por los pequeños detalles de la vida de los niños bajo su cuidado. Tal vez un adulto se percate de un comportamiento errático del niño. El adulto debe investigar y tratar de hacer algo al respecto. Los niños son prácticamente impotentes para alterar o controlar el mundo que les rodea. Los adultos sensibles y sabios entienden que los niños tienen emociones, necesidades, problemas y circunstancias difíciles. Si algo está pasando en la vida del niño que un adulto puede controlar, entonces es importante que trate de arreglarlo[106].

Los líderes de los grupos celulares de niños tienen que ser perceptivos y conscientes de lo que les está sucediendo tanto espiritual como emocionalmente. Los autores de *The Young Child as Person (El Niño Pequeño como Persona)* escribe:

> Cada niño selecciona ciertas cosas de su medio ambiente y las convierte en su mundo. Un maestro tiene que saber lo que un niño está incluyendo en ese mundo. ¿En qué actividades participa el niño? ¿Con quién juega el niño? ¿A quién evita? ¿Por qué? ¿A cuáles niños el niño considera como sus ayudantes en sus proyectos?[107]

Las áreas emocionales y espirituales de los niños son por lo menos tan fuertes como su vida intelectual. Ellos no pueden (o no quieren) esconderse de sus sentimientos; así que ellos saben todo acerca de lo que es rendirse a las fuerzas que trascienden su control. Los niños aceptan fácilmente que sus palabras no son suficientes para describir los pensamientos y sentimientos; saben que el valor verdadero y la importancia van más allá de las palabras.

La iglesia a menudo se equivoca al no permitir que los niños expresen sus sentimientos. Escuchar y ayudar a un niño a aclarar sus sentimientos es un nivel más profundo de comprensión que controlar el contenido verbal de los mismos. A veces las palabras de un niño no comunican los verdaderos sentimientos debajo de ellos[108]. La clave es darse cuenta que los niños tienen sentimientos y la necesidad de expresarlos y ser transparentes acerca de sus vidas. Mientras las familias se desintegran y las normas morales se vuelven más y más bajas, es esencial que los líderes celulares y maestros conozcan a los niños, conozcan su trasfondo y luego les ministren de acuerdo a ello.

NO EQUIPAR A LOS QUE TRABAJAN CON NIÑOS

Podría parecer que la iglesia tiene todos los servidores que necesita, pero en casi todos los casos, se trata de un espejismo. Siempre habrá nuevas posiciones y nuevas oportunidades para trabajar con niños. Una iglesia necesita prepararse para el futuro. La Iglesia Elim es capaz de cuidar de miles de niños, ya que tienen una visión para desarrollar líderes nuevos para niños.

Debido a que la cosecha de niños es tan continua, Elim está constantemente previendo y preparando a los nuevos líderes; están constantemente preparándose para recoger la cosecha a través de los nuevos servidores de niños.

Las iglesias celulares no permiten a "cualquiera" dirigir las células de los niños. Los servidores de niños necesitan ser entrenados, seleccionados y supervisados. Las iglesias celulares les piden a todos los miembros de la iglesia pasar por el equipamiento de toda la iglesia y este es también el requisito para los que trabajan con niños, ya sea en la reunión de celebración más grande o en el grupo celular[109].

Más allá del equipamiento básico, aquellos que dirigen niños deben saber cómo tratarlos. Tienen que aprender a ser gentiles, amables y llenos de paciencia. Jesús dijo: "Miren que no menosprecien a uno de estos pequeños. Porque les digo que en el cielo los ángeles de ellos contemplan siempre el rostro de mi Padre celestial" (Mateo 18:10). Dios ama a los niños, y los que los ministran deben tener cuidado para tratarlos con amor y bondad. Un servidor de niños nunca debe amenazar al niño con algo como "te voy a echar fuera de la reunión si continúas".

Las personas que trabajan con los niños también deben ser entrenados para trabajar con niños enfermos. A los niños enfermos, de enfermedades contagiosas, no se les debe permitir participar en las actividades o incluso sentarse solos. La iglesia debe tener una política firme de no permitir que los niños que parecen estar enfermos estén con otros niños. Los padres cuyos hijos se infectaron a través de la exposición con otros compañeros enfermos se resisten a traerlos de vuelta. Los que dirigen grupos celulares o trabajan con los niños en los servicios de celebración deben ser entrenados para reconocer los signos de enfermedades contagiosas[110].

NO OBTENER LA PROTECCIÓN LEGAL APROPIADA

Las iglesias no deben permitir que el temor de abuso o pesadillas jurídicas les impidan hacer discípulos de los niños. Por otro lado, deben asegurarse que están legalmente cubiertos y haciendo todo lo posible para proteger a los niños. Es importante que las iglesias tengan los controles adecuados de cobertura de seguro y los antecedentes personales en orden. Las iglesias deben asegurarse que los que trabajan con niños han sido examinados adecuadamente y están ministrando en equipos de al menos dos personas.

El pastor y la iglesia necesitan tener en marcha una política de protección al niño que se conoce y se respeta. Es bueno tener una persona de recursos en la iglesia que esté al tanto de las políticas y mantenga los requisitos de protección actualizados.

REPORTANDO EL ABUSO

El pastor debe obligatoriamente denunciar todos los abusos. Parte de este requisito obligatorio de denunciar el abuso incluye:

- Nunca decirles a los padres antes de denunciar
- Nunca cuestionar a un menor cundo te diga algo
- Afirmarles y decirles que hicieron bien en hablar contigo

Las iglesias deben estar listas y dispuestas a informar de todo abuso. Incluso si determinan que los trabajadores no están obligados por ley a denunciar el abuso, es una buena idea hacerlo. Esta responsabilidad incluye situaciones en las que el abuso se produce en el marco de las actividades del ministerio, y cuando sucede de forma totalmente independiente de las actividades del ministerio (es decir, en casa).

Los trabajadores deben ser entrenados para conocer los signos del abuso y estar listos para reportar esos abusos. Es raro que ocurra el abuso en la iglesia o incluso en una célula bien supervisada. Los abusadores normalmente atraen a sus víctimas a través de:

- Introducir comportamientos prohibidos, así como drogas, alcohol, pornografía.
- Dar dinero al niño para crear dependencia.
- Atención excesiva a los niños; hacer actividades con un niño sin compañía de otras personas.
- Ganarse la confianza de padres cargados para aparentar preocupación por un niño problemático.[111]

Una vez más, el abuso rara vez sucede durante una actividad oficial de la iglesia; en lugar de eso, el abusador usa la confianza adquirida durante la actividad espiritual para atraer al niño a estar solos en otra ocasión. En estos casos, es muy difícil o casi imposible que los líderes del ministerio sepan acerca de la conducta abusiva . . .[112]

Cuando se sospecha de abuso, los trabajadores necesitan denunciarlo. Choun y Lawson escriben: "En la mayoría de los estados, se requiere que los profesionales de salud y educación denuncien sospechas de abuso de menores. En algunos lugares, también se requiere que el clero lo haga. El no denunciar estos casos puede ser penado con multas, penas de cárcel, o ambas cosas."[113]

NUNCA A SOLAS CON UN MENOR

Toda actividad de la iglesia debe tener al menos dos adultos presentes. El ministerio en equipo, de hecho, tiene precedencia bíblica, ya que el liderazgo en el Nuevo Testamento es siempre plural.[114] Estas son algunas precauciones:

- Un adulto nunca debe estar a solas con un niño.
- Los que trabajan con niños deben estar calificados para enseñar a los niños lo que es un buen y un mal contacto físico. En otras palabras, deben estar dispuestos a denunciar los abusos que ven.
- No deje que los niños vayan a los sanitarios solos. Siempre esté alerta a los pederastas.

Estas precauciones pueden incluir tener adultos extra a la mano para observar y ayudar a los niños cada vez que se reúnen.[115]

CHEQUEOS DE ANTECEDENTES

A todos los que trabajan con menores de edad se les deben haber chequeado sus antecedentes personales. Bill Stout escribe: "Las organizaciones también son culpadas por negligencia si una revisión de los antecedentes penales hubiera detallado un registro previo de abuso de menores, y los cheques no se llevaron a cabo."[116]

Una política de pedir a los recién llegados a tu iglesia esperar seis meses antes de ser voluntarios en el ministerio de niños es otra precaución probada. Esto te da tiempo para llegar a conocer las calificaciones del recién llegado y desalienta a los depredadores sexuales que sólo llegan a tu iglesia para tener acceso rápido a los niños.[117]

QUE NO TE PARALICE EL MIEDO

Mientras que las amenazas de abuso infantil son reales, es un grave error paralizarse por el miedo, una emoción que Satanás y sus demonios acogen e incluso generan entre las iglesias y los que trabajan con niños. El miedo a lo que podría suceder es a menudo la mayor táctica del enemigo para paralizar iglesias y desalentar a los ministros a discipular a la siguiente generación.

Es muy parecido a la persona que rara vez sale por el temor de ser asesinado en la calle. Sí, los medios de comunicación están llenos de informes de asesinatos que suceden todos los días, pero la realidad de ser una víctima es muy diferente. Los asesinatos son muy raros en comparación con la población del país, y lo mismo ocurre con el abuso de menores en las iglesias. Sí, a veces ocurre y las iglesias tienen que hacer todo lo posible para evitarlo. Pero no deben permitir ser inmovilizadas por lo que pueda pasar.

A pesar que los gobiernos y las leyes están ahí para proteger a los niños, no están tratando de manera proactiva de cerrar los ministerios cristianos. De hecho, en la mayoría de los casos en que ha habido problemas, los tribunales han dictaminado que no se puede esperar que una organización proteja a sus niños de daños extraños o totalmente imprevistos. Bill Stout escribe:

En el caso de una demanda, los tribunales suelen preguntarse alguna variación de esta pregunta: ¿La organización toma las precauciones razonables y prudentes para proteger al niño? Si la respuesta es un claro "sí", entonces su ministerio no será encontrado culpable por el daño.[118]

En otras palabras, la iglesia sólo tiene que asegurarse que las garantías legales, razonables y prudentes estén en su lugar. Pero después de poner esas garantías en su lugar, asegúrate de seguir adelante con tus intenciones de discipular a los niños en el ministerio celular. El diablo no quiere nada más que parar el ministerio de la iglesia. Muchos pastores sienten que tienen suficientes problemas en su ministerio de adultos como para pensar en el ministerio de niños. Y algunos pastores permiten que temores legales infundados les impidan preparar a los niños para ser discípulos a través del ministerio basado en células.

Cometerás errores. Enfrentarás obstáculos. Pero también prepararás a la próxima generación de ministros, proporcionarás un flujo constante de liderazgo en tu iglesia, y aprovecharás al grupo más dispuesto y listo de personas en la iglesia—los niños.

NO ORAR

El entrenamiento, el material o la exactitud jurídica no deben ser un sustituto de la dependencia de Jesús a través de la oración. La realidad es que el ministerio de niños es la guerra espiritual. Satanás y su séquito demoníaco preferirían que la iglesia no priorizara a los niños. El enemigo de nuestras almas no quiere ver a los niños ser formados por el Espíritu de Dios. Si la iglesia no está orando, la batalla será demasiado feroz, el diablo engañará con demasiada facilidad. No hay que olvidar la importancia de la oración. Todo es importante.

El mejor remedio contra el miedo y la mejor manera de motivar a la gente a ponerse involucrarse en el ministerio celular es a través de la oración. De hecho, la primera y principal solución para la transformación de la iglesia y la preparación de los niños es la oración—un humilde y radical clamando a Dios por ayuda. Comprometerse a orar nos permite confiar en Dios mismo para obtener sabiduría y dirección. Nos enseña a depender de Él para descubrir la mejor manera de preparar a los niños o a involucrar a los padres.

Pablo escribe en la epístola los Colosenses al final de su vida, y vale la pena notar que una de sus exhortaciones finales fue sobre la oración. Él dijo: "Dedíquense a la oración: perseveren en ella con agradecimiento" (Colosenses 4:2). La palabra griega para *dedicarse* literalmente significa atender constantemente. Para ilustrar este punto, Pablo usa el ejemplo de Epafras, quien "… está siempre luchando en oración por ustedes, para que, plenamente convencidos, se mantengan firmes, cumpliendo en toda la voluntad de Dios" (Colosenses 4:12). Epafras trabajó fervientemente y constantemente para los creyentes en Colosas. Debemos clamar constantemente: "¡Señor, hazme como Epafras!"

Sólo a través de la oración dedicada estarán los padres dispuestos a sacar tiempo de sus apretadas agendas y priorizar el desarrollo de sus propios hijos. El compromiso con la oración es el arsenal que Dios ha dado a todo el cuerpo de creyentes. Y es el arma más importante que Dios ha dado a la Iglesia para ganar almas y hacer discípulos.

Las iglesias—carismáticos o no—que dan prioridad a la oración se dan cuenta que sólo Dios puede hacer discípulos de la siguiente generación. Es un mito depender de libros, técnicas, o incluso en la experiencia para preparar a los niños. Sólo Dios puede proporcionar un crecimiento y protección sostenidos.

Este libro se trata sobre dar prioridad a aquellos que no tienen voz ni poder en la toma de decisiones a nivel de la iglesia. Ya que priorizar a los niños a través del ministerio celular no es la norma, funciona mejor entre un grupo de gente comprometida con el poder sobrenatural de Dios que viene a través de la oración. Sólo a través de la oración puede la iglesia romper la resistencia cultural y vivir el estilo de vida del Nuevo Testamento en comunidad con otros. Sólo a través de la oración y un énfasis en la espiritualidad estarán los miembros dispuestos a dedicar su tiempo voluntariamente para preparar a la futura generación ahora.

El verdadero éxito en los grupos celulares e iglesias celulares proviene de Dios. El secreto no es la estructura celular, el orden celular, o el pastor de las células—es la bendición del Dios todopoderoso sobre la congregación. Dios le habló a Jeremías diciendo: "Si alguien ha de gloriarse, que se gloríe de conocerme y de comprender que yo soy el Señor, que actúo en la tierra con amor, con derecho y justicia, pues es lo que a mí me agrada—afirma el Señor—," (Jeremías 9:24). Los que lideran a los niños y preparan a la próxima generación tienen que poseer la característica esencial de la dependencia de Dios, junto con el conocimiento y la práctica de la oración diligente. Otras características de liderazgo pueden ayudar, pero la espiritualidad es el requisito principal.

Capítulo 11

Enfoque en la Visión

Hemos observado en este libro cuánto Jesús ama a los niños, les da prioridad, e incluso nos dice que debemos ser como ellos para entrar en el reino de Dios,

> Les aseguro que a menos que ustedes cambien y se vuelvan como niños, no entrarán en el reino de los cielos. Por tanto, el que se humilla como este niño será el más grande en el reino de los cielos.
>
> Y el que recibe en mi nombre a un niño como éste, me recibe a mí. Pero si alguien hace pecar a uno de estos pequeños que creen en mí, más le valdría que le colgaran al cuello una gran piedra de molino y lo hundieran en lo profundo del mar (Mt. 18:3-6).

Después de citar los versículos anteriores, Luis Bush escribe en su libro, *La Ventana 4/14: Levantando Una Nueva Generación para Transformar al Mundo,*

> ¿Realmente hemos escuchado esta enseñanza sobre el lugar de los niños en el reino de Dios? Contiene tres verdades: Primero, los niños modelan la esencia de la fe salvadora y del discipulado. Se requiere llegar a ser

como ellos para "entrar en el reino de los cielos." En segundo lugar, "recibir a un niño", es decir, aceptar, amar, valorar y respetar a un niño es recibir a Cristo mismo. Por último, como Jesús dejó muy claro, el que descuida, abusa, obstaculiza, o aparta a un niño de la fe enfrentará juicio severo de Dios.[119]

A lo largo de este libro, he resaltado la importancia de los niños, cómo prepararlos para ser discípulos ya, y la necesidad de dar los primeros pasos. Sin embargo, debemos, ante todo, recordar que debemos dejar que vengan, sabiendo que tienen un lugar especial en el corazón de Dios.

DÉJALOS VENIR

En su ministerio terrenal, Jesús siempre estaba dispuesto a aceptar a los niños. Él les acogió e hizo tiempo para ellos, incluso en los momentos de mayor actividad de su ministerio. Debemos hacer lo mismo. Sólo hay un momento fugaz antes que los niños se conviertan en jóvenes y en adultos, y es durante este período de la infancia que están listos para aprender, tienen mucho interés, y están deseosos de cambiar al mundo.

Dios bendice a las iglesias que dan prioridad a los niños. Una iglesia que permite que los niños vengan es una iglesia con una perspectiva en el futuro—una iglesia que está cumpliendo con la gran comisión y comenzando con aquellos que tienen más tiempo en esta tierra.

Hemos visto cómo las células intergeneracionales proporcionan una atmósfera en la que los padres pueden traer a toda la familia, después hablar sobre lo que aprendieron, y preparar a los niños para el ministerio. Las células sólo para niños permiten una increíble versatilidad para encontrar y discipular a niños por toda la ciudad. El servicio de celebración y el equipamiento proporcionan los últimos toques para preparar a los niños para convertirse en discípulos.

Pero primero tenemos que dejar que ellos vengan. Debemos escuchar los latidos del corazón de Cristo para los niños y permitir que vengan a Jesús. Después, nuestro trabajo consiste en cuidar de ellos e incluso permitir que ellos nos dirijan.

DÉJALOS DIRIGIR

Isaías 11:6 dice: "El lobo vivirá con el cordero, el leopardo se echará con el cabrito, y juntos andarán el ternero y el cachorro de león, y un niño pequeño los guiará." Es la última parte la que capta mi atención: un niño pequeño los guiará. El profeta imagina un momento en el futuro en el que los niños van a señalar el camino.

A lo largo de las Escrituras vemos a Dios confiándoles verdades especiales a los niños o utilizándolos como sus mensajeros. Wess Stafford, presidente emérito de Compasión Internacional, a menudo dice que cuando Dios tiene algo muy importante que hacer, algo que no les podría confiar a los adultos, utiliza a niños. Él escribe: "Dios parece hacer una pausa, frotarse las manos, sonreír cálidamente, y decir: "Necesito a alguien realmente poderoso para esta tarea. Ya sé... Voy a utilizar a un niño.""[120]

Dios esconde sus grandes verdades a los sabios y las revela a los niños (Mt. 11:25). Dios ha puesto su amor y bendición en los niños, y de un modo, Él dirige a la Iglesia a través de ellos, nos dice que debemos ser como ellos y seguir su ejemplo de humildad y confianza sencilla incluso para entrar en el reino de los cielos.

Las iglesias que se preparan para el futuro se dan cuenta que el liderazgo adulto pronto pasará. El pastor Keison en la Iglesia Misión Cristiana para el Mundo entendió esta verdad cuando se preguntó por qué Gales, un lugar histórico de un poderoso avivamiento, ahora estaba estancado, espiritualmente seco y lleno de iglesias vacías. Cuando los niños dirigen y toman un lugar de prioridad, la iglesia mira hacia adelante a un futuro brillante, uno que multiplica nuevos líderes.

DÉJALOS MULTIPLICAR

Desde el principio, Dios les dijo a los primeros seres humanos que llevaran fruto y se multiplicaran (Gn. 1-7). El contexto inmediato del Génesis es el nacimiento físico y reproducción, pero este mismo tema se repite en Mateo 28 cuando Jesús se refiere al nacer de nuevo espiritualmente y hacer discípulos en todas las naciones. A menudo he usado esos capítulos de Génesis combinados con Mateo 28 para hablar de la multiplicación de grupos de adultos, pero me quedé corto. Los adultos ya están en su plena capacidad. Sí, son más sabios y más versátiles, pero no tienen el potencial, ni la humildad que tienen los niños. Como Luis Bush habla en *La Ventana 4/14*, el centro de nuestra misión y atención debe ser salvar y discipular a los más pequeños

Si somos capaces de aprovechar la energía y el potencial de un niño, tendremos un futuro entero con el cual tratar. De hecho, algunas de las grandes iglesias celulares resaltadas en este libro comenzaron pensando en los niños. En la Iglesia la Vid, Marcia Silva, capturó una visión para los niños y nunca dejó de propagar esa visión. El movimiento de la Vid está lleno de entusiasmo a medida que líderes de todo el mundo celebran y reciben capacitación para dirigir más de 10.000 grupos de células infantiles. Mario Vega se dio cuenta hace mucho tiempo que Elim nunca podría construir suficientes salones de clases para escuela dominical y llegar a las multitudes de San Salvador. Decidieron llevar la escuela dominical a las personas a través de los grupos celulares en los hogares.

Muchos otros pioneros y profesionales se mencionan en este libro. Todos ellos tienen una cosa en común: están discipulando a la futura generación ahora. Estos pioneros centraron sus recursos en el grupo de edad más vulnerable y dependiente, pero este mismo grupo tiene el mayor potencial. La comisión de Cristo de hacer discípulos en las naciones debe recordarnos que los niños son una parte vital de nuestra atención y recursos en este momento.

Por otro lado, el proceso de discipulado es recíproco. En un sentido muy real, los niños nos discipulan. Después de todo, a menos que cambiemos y seamos como niños, nunca entraremos en el reino de los cielos. El mayor en el reino de Dios, de hecho, será aquel que practique la humildad de un niño. Los niños nos enseñan de lo que la grandeza se trata, y en el proceso nos muestran cómo llegar a ser verdaderamente discípulos de Jesucristo.

Apéndice 1

El Material de Lorna Jenkins

Lorna Jenkins desarrolló una gran cantidad de libros y material de equipamiento que ella lanzó e implementó en la Iglesia Bautista Comunidad de Fe. Parte de ese material todavía se está utilizando hoy en día, y a pesar de que Lorna Jenkins ya no vive en Singapur o trabaja en la Iglesia Bautista Comunidad de Fe, el material todavía se puede comprar en la Iglesia Bautista Comunidad de Fe.[121] Lorna amablemente me proporcionó una lista de algunos de los libros que ella ha desarrollado para su equipamiento.

Discipulado Básico

Título del Libro: *Ahora Sigo a Jesús*

- Revisión del significado de la salvación
- Hablar con Dios a en todo momento y cuando le necesites
- Tienes un Ayudador invisible: el Espíritu Santo
- ¿Cómo decirles a tus padres?
- ¿Cómo decirles a tus amigos?
- ¿Qué si continúas haciendo cosas malas?
- Qué hacer si estás triste o tienes un problema
- Cómo leer la Biblia

Título del Libro: *Búsqueda del Tesoro con Mark* (Libro de lectura de revisión diaria)

Título del Libro: *Mi Nuevo Amigo Jesús* (Para aquellos que no crecieron en la iglesia)

La Caminata del Cristiano

Título del Libro: *Viviendo la Vida al Revés*

Ética Cristiana

Título del Libro: *Cómo Tomar la Decisión Correcta*

Libro Adicional: *La Familia Emprende el Viaje Juntos.* Animamos a los padres a guiar a sus hijos con este libro o a utilizarlo en los grupos celulares. Cubre algunas de las preguntas que los niños hacen sobre la vida

Viviendo en el Espíritu y en la Guerra Espiritual

Título del Libro: *Victoria en Jesús*

Temas incluidos:

- Reconociendo nuestras batallas y a nuestro enemigo
- La armadura de Dios
- El Espíritu Santo está de nuestro lado

Creciendo en la Comunidad Cristiana

Título del Libro: *Formación Espiritual*

Temas incluidos:

- Revisión de la salvación
- ¿Qué es el bautismo?
- ¿Qué es la Cena del Señor?

- ¿Qué es la familia de la iglesia? ¿Soy un miembro de ella?
- ¿Qué es el diezmo?
- ¿Qué son los dones del Espíritu?
- ¿Cómo puedo servir al Señor en la iglesia?

Cuando los niños estaban estudiando este libro, fue en un grupo celular especial en el cual sus padres también estaban presentes. (Punto aparte: fue un buen llamado de atención para los padres.)

Si los niños estaban pidiendo ser bautizados, tenían que ser representados por su grupo celular intergeneracional, y obtener el permiso de los padres. Dependía del caso, pero prácticamente la mayoría de los niños eran de 11 a 12 años de edad. La solicitud tenía que ser iniciado por el niño como su deseo expreso de obedecer a Jesús

Evangelismo

Título del Libro: *Rompiendo la Barrera*

La Iglesia Bautista Comunidad de Fe les enseñó a todos los niños que podían leer a usar el libro de calcomanías de la salvación, *Rompiendo la Barrera,* con sus amigos. Muchos niños lo hicieron así y llevaron a sus amigos a Cristo.

Entrenando para el Servicio

Título del Libro: *El Club de Bernabé*

Esta actividad estaba diseñada para niños de 11 a 12 años, muchos de los cuales ya estaban ayudando a liderar grupos celulares.

Proporciona una formación práctica para el ministerio en amplias áreas del ministerio. La formación práctica se llevó a cabo fuera de los grupos celulares.

Los niños practicaron desarrollar sus habilidades en una variedad de situaciones. Ellos primero aprendieron a descubrir sus dones espirituales. Después, los niños comenzaron a dirigir la adoración, la oración de intercesión, la oración en público, el evangelismo, e incluso a compartir un mensaje corto de la Biblia. A los niños se les enseña a guiar a alguien a Cristo, a orar por las misiones, a caminar en oración, a orar por la sanidad, a descubrir la profecía o imágenes proféticas, y a ser un ayudante de confianza. Todos los niños tuvieron la oportunidad de poner en práctica el ministerio según sus dones y liderazgo.

Después de pasar por este programa de equipamiento, estos jóvenes entraron a las células juveniles capacitados y listos para el servicio. A su segundo año en el ministerio de jóvenes, muchos de ellos eran líderes celulares o aprendices.

Apéndice 2

Encuentros Para Niños

Los encuentros para la generación emergente pueden ser tan poderosos y eficaces como los de los adultos. Bajo el poder del Espíritu Santo, estas jóvenes vidas pueden ser cambiadas por siempre. Los niños y adolescentes necesitan que tengamos un propósito, un compromiso, estemos centrados y seamos disciplinados o el mundo lo hará por nosotros. Daphne Kirk entrevistó a Olly Goldenberg, ex pastor de niños en el Templo Kensington, Londres para preguntarle sobre su experiencia al dirigir este tipo de encuentros durante muchos años. Olly ahora dirige "Los Niños Pueden" *www.childrencan.co.uk*

¿Por qué piensa que los Encuentros son importantes para los niños y los adolescentes?

Los niños tienen que ir más allá de la teoría de Dios para experimentarle, para que a medida que crecen, estas experiencias les ayuden a ver a Dios como una realidad y no un cuento de hadas. Las personas en la Biblia tuvieron experiencias reales con Dios que dieron forma a sus vidas más allá incluso de esas experiencias. Dios sigue siendo el mismo: desea encontrarse con sus hijos.

¿Cuál es su experiencia al dirigir los Encuentros?

Hemos tenido Encuentros para cientos de niños de 5 a 14 años de edad. Para los niños de 5 a 9 años, los encuentros duraban un día; los encuentros de los chicos de 10 a 14 años duraban un fin de semana.

¿Puede darnos una idea del contenido?

Teníamos dos tipos diferentes de encuentros. Uno para los que nunca habían estado en un Encuentro y uno como un Encuentro anual. Los Encuentros para primerizos tenían seis sesiones:

1. **Prepárate** para conocer a Dios.
2. **¿Quién es Dios?**—amar a las personas, aborrecer el pecado.
3. **Pecado y heridas,** incluyendo escribir cosas que hemos hecho y cosas que otros nos han hecho que nos impiden acercarnos a Dios.
4. **Solución para el pecado.** Jesús murió en una cruz. En esta sesión, los niños queman sus pecados y heridas para entender cómo Dios ha destruido todo rastro de nuestro pecado.
5. **El Espíritu Santo.** Una oportunidad para conocerle.
6. **Visión.** Ve y vive para Cristo.

Una parte fundamental de los Encuentros fue la preparación espiritual antes de los Encuentros al orar pidiendo a Dios que visitara a los niños.

¿Cuáles frutos vio?

¡Mucho fruto!

Los niños fueron motivados a establecer momentos de quietud regulares en el hogar, fueron transformadas; los maestros de la escuela pedían que los padres explicaran por qué sus hijos habían cambiado tanto.

Muchos de los testimonios "más espectaculares" de cambio provinieron de los Encuentros. Los niños que parecían como si "no necesitaran" un Encuentro llevaron a varios de sus amigos a Jesús en las semanas posteriores al Encuentro ya que Dios se había vuelto más real para ellos.

El mayor fruto para mí fue visto al hablar con niños de diez años en adelante que hablaron de los Encuentros como la primera vez que tuvieron un encuentro con Dios por ellos mismos y todavía ven atrás a ese momento como una parte formativa de su fe en Dios.[122]

Notas Finales

1. Mario Vega, "Working with Children in the Cell Church" {"Trabajando con Niños en la Iglesia Celular"} entrada del blog en el Grupo Joel Comiskey en Octubre10 de 2013.

2. Mario Vega escribió un blog sobre este tema en el sitio web de Joel Comiskey Group en noviembre 1 de 2013 con el título "Vision for Children's Cells" {"Visión para Células Infantiles"}

3. Carolyn Osiek, Margaret Y. MacDonald, Janet H. Tulloch, *A Women's Place: House Churches in Earliest Christianity* {*Un Lugar para las Mujeres: Iglesias en las Casas en el Cristianismo Primitivo*} (Minneapolis, MI: Augsburg Fortress, 2006), edición en Kindle, pp. 73-74.

4. Osiek, MacDonald, Tulloch, edición en Kindle, pp. 70-71.

5. John M.G. Barclay, "The Family as the Bearer of Religion in Judaism and Early Christianity," {"La Familia como la Portadora de la Religión en el Judaísmo y el Cristianismo Primitivo"} en *Constructing Early Christian Families* {*Construyendo Familias Cristianas Primitivas*}, Halvor Moxnes, ed. (London: Routledge, 1997), p. 76.

6. Ibid., pp. 76-77.

7. Algunos dicen que tomó 40 años mientras que otros dicen que tomó 120 años. Una buena discusión de este tema se encuentra en: http://www.noahs-ark.tv/noahs-ark-dimensions-size-120-years-time-to-build-75-years.htm

8. Mary VanderGoot, *Helping Children Grow Healthy Emotions* {*Ayudando a que los Niños Desarrollen Emociones Sanas*} (Grand Rapids, MI: Baker Book House, 1987), p. 34.

9. Lorna Jenkins, *Shouting in the Temple: A Radical Look at Children's Ministry* {*Dando Voces en el Templo: Una Mirada Radical al Ministerio de Niños*} (Singapore: Touch Ministries International, 1999), p. 94.

10. Daphne Kirk, *Heirs Together: Establishing Intergenerational Cell Church* {*Herederos Juntos: Estableciendo la Iglesia Celular Intergeneracional*} (Suffolk, U.K.: Kevin Mayhew LTD, 1998), p. 31.

11. He escrito tres libros dedicados al entrenamiento y dos libros que hablan sobre el entrenamiento. Recomiendo estos libros en el siguiente órden: *How to Be a Great Cell Group Coach: Practical Insight for Supporting and Mentoring Cell Group Leaders [Cómo ser un Gran Supervisor de Grupos Celulares: Una Visión Práctica para Apoyar y Entrenar a Líderes de Grupos Celulares]* (Houston, TX: Publicaciones Touch, 2003), *Coach: Empower Others to Effectively Lead a Small Group [Supervisor: Faculte a Otros a Liderar Efectivamente un Grupo Pequeño]* (Moreno Valley, CA: Publicaciones CCS, 2008), *You Can Coach: How to Help Leaders Build Healthy Churches through Coaching [Usted Puede Entrenar: Cómo Ayudar a Líderes a Construir Iglesias Sanas a través del Entrenamiento]* (Moreno Valley, CA: Publicaciones CCS, 2011), *Passion and Persistence: How the Elim Church's Cell Groups Penetrated an Entire City for Jesus [Pasión y Persistencia: Cómo los Grupo Celulares de Iglesia Elim Penetraron Toda una Ciudad para Cristo]* (Houston TX: Publicaciones Touch, 2004), *From Twelve to Three: How to Apply G-12 Principles in Your Church [De Doce a Tres: Cómo Aplicar los Principios de G-12 en Su Iglesia]* (Houston TX: Publicaciones Touch, 2002). También puede leer veintisiete artículos gratis sobre en entrenamiento en *http://www.joelcomiskeygroup.com/articles/coaching/coaching.htm*.

12. Lorna Jenkins, *Shouting in the Temple: A Radical Look at Children's Ministry* {*Dando Voces en el Templo: Una Mirada Radical al Ministerio de Niños*}, p. 120.

13. Es común que los grupos celulares intergeneracionales o sólo para niños utilicen la enseñanza del domingo en la lección celular. Dado que el objetivo es llegar al discipulado—llegar a ser como Jesús—a los niños se les recuerda lo que aprendieron en la iglesia infantil o en el tiempo de la escuela dominical. De esta manera, los niños son capaces de hacer preguntas y aplicar las verdades espirituales que se enseñan en el sermón. Me he convencido cada vez más de la eficacia de basar la lección celular en la enseñanza general del domingo, ya sea que la enseñanza sea el sermón del pastor o un currículo mensual. La clave es reforzar lo que se enseña el domingo en la lección celular.

14. Lorna Jenkins, *Shouting in the Temple: A Radical Look at Children's Ministry* {*Dando Voces en el Templo: Una Mirada Radical al Ministerio de Niños*}, p. 120.

15. Kevin Giles, *What on Earth Is the Church? An Exploration in New Testament Theology* {*¿Qué Rayos es la Iglesia? Explorando la Teología del Nuevo Testament*} (Downers Grove, IL: InterVarsity Press, 1995), p. 20.

16. Daphne Kirk, "Are your children being Discipled," {¿Están Siendo sus Hijos Discipulados?} (*Cell Group Journal* {*Revista del Grupo Celular*}, Invierno 2000), p. 12.

17. Lawrence O. Richards, *A Theology of Children's Ministry* {*Una Teología del Ministerio de Niños*} (Grand Rapids, MI: Zondervan, 1983), p. 45.

18. Child Evangelism Fellowship (Comunión del Evangelismo Infantil) es una organización mundial que ha establecido alrededor de 3500 grupos que se reúnen después de clases en escuelas primarias públicas cuyo objetivo es convertir a los niños tan jóvenes como de cuatro al cristianismo evangélico. Durante muchos años, la CEF se reunió en los hogares, pero se reúne en escuelas más recientemente.

19. Correo electrónico personal de Lorna Jenkins en domingo de junio 28 de 2015.

20. Lorna Jenkins, "What's Different About a Children's Cell Group," {La Diferencia de un Grupo Celular de Niños} entrada de blog en octubre 23 de 2013 en el Grupo Joel Comiskey.

21. Robert Banks, *Paul's Idea of Community* {*La Idea de Pablo sobre la Comunidad*} (Peabody, MA: Hendrickson Publications, 1994), p. 49.

22. Lorna Jenkins, *Feed My Lambs: A Handbook for Intergenerational Cell Groups* {*Apacienta Mis Ovejas: Un Manual para los Grupos Celulares Intergeneracionales*} (Singapore: Touch Ministries International, 1995), p. 22.

23. Mucho del material de esta sección proviene de varios blogs que Brian Kannel escribió en el Grupo Joel Comiskey en mayo de 2012: http://joelcomiskeygroup.com/blog_2/2012/05/30/our-journey-into-childrens-cells/. He editado este material, pero algunas partes las he citado textualmente de lo que Kannel escribió.

24. Daphne Kirk, *Reconnecting the Generations* {*Reconectando a las Generaciones*} (Suffolk, Great Britain: Kevin Mayhew Ltd., 2001), p. 39.

25. Daphne Kirk, *Reconnecting the Generations* {*Reconectando a las Generaciones,*} p. 33.

26. Tanto como me es posible, prefiero referirme a las células infantiles como un grupo celular completamente funcional, en lugar de como a sólo una extensión de la célula de adultos. Sin embargo, para llamarla una célula por separado, es importante tener a alguien a cargo, ya sea que esta persona esté destinada por el líder de la célula o de la iglesia local.

27. TIPS: *Ten Worst Childcare Options* {*CONSEJOS: Las Diez Peores Alternativas en el Cuidado de los Niños.*} (Small Group Network, julio de 2000)

    10. "Salto en bungee para bebés."

    9. Colgarlos de los ganchos por la puerta delantera.

    8. ¡Darles a los niños pintura en aerosol y dejarlos sin supervisión en el sótano!

    7. Jugar a las escondidas en el sótano de la iglesia, pero ir a buscarlos una hora después.

    6. ¡*Veggie Tales!* ¡*Veggie Tales!* ¡*Veggie Tales!*

    5. Tenemos un perro que es Bueno con los niños.

    4. Maratón de los Simpson.

    3. Decirles que, si se sientan en la parte de atrás de la iglesia, les comprará un Pokemon.

    2. Dejarlos con su hijo de ocho años y una OLEADA de doce niños!!!

    1. Decirle a la niñera: "Claro que puedes invitar a la banda de rock de tu novio para que practiquen."

28. Erik Fish, "What Do You Do with Kids at a House Church?" {"¿Qué Haces con los Niños en una Iglesia en la Casa?"} en Recursos CMA en *https://www.cmaresources.org/index.php?q=article/what-do-you-do-with-kids_erik-fish*.

Publicado el 23 de november 23 de 2010. Visitado el jueves, de diciembre 11 de 2014.

29. Scottie May, Beth Posterski, Catherine Stonehouse, Linda Cannell (2005-09-15), "Children Matter: Celebrating Their Place in the Church, Family, and Community" {"Los Niños Importan: Celebrando su Lugar en la Iglesia, la Familia y la Comunidad"} (Eerdmans Publishing, edición en Kindle), pp. 144-147.

30. Jessica Bowman, "What Do You Do with the Kids during House Church?" {"¿Qué Haces con Los Niños durante la Reunión de la Iglesia en la Casa?"} febrero 27, 2012, visitado el jueves de diciembre 11 de 2014 en *http://bohemianbowmans.com/what-do-you-do-with-the-kids-during-house-church-part-1/*

31. Kevin Walsh, *Discipline for Character Development* {*Disciplina para el Desarrollo del Carácter*} (Birmingham, AL: Libros R.E.P., 1991), p. 112.

32. Daphne Kirk, "Simple Remedies with Children in Cells," {"Remedios Sencillos para los Niños en las Células"} entrada de blog en Marzo 4 de 2013 en *www.joelcomiskeygroup.com*.

33. Holly Allen, "What Do You Do with Children in a Cell Church?" {¿Qué Haces con los Niños en una Iglesia Celular?"} (Enero 1de 1996), *Leudado*: Vol. 4: Is. 3, Artículo 9. Disponible en: *http://digitalcommons.pepperdine.edu/leaven/vol4/iss3/9*.

34. Recomiendo imprimir las letras de las canciones o proyectarlas en el televisor. ¿Por qué?

- Los que visitan por primera vez se sentirán incómodos sin ver las palabras.
- Algunos recién convertidos o nuevos miembros de la iglesia no conocen los coros de adoración de tu iglesia.
- Tendrás más libertad de cantar himnos nuevos.

35. Rainey, Dennis y Barbara Rainey (2007-10-01). *Moments with You: Daily Connections for Couples* {*Momentos Contigo: Conecciones Diarias para Parejas*} (p. 67). Gospel Light (Luz del Evangelio). Edición en Kindle.

36. Daphne Kirk, *Heirs Together: Establishing Intergenerational Cell Church* {*Herederos Juntos: Estableciendo la Iglesia Celular Intergeneracional*} (Suffolk, U.K.: Kevin Mayhew Ltd., 1998), p. 52.

37. "Our History" {"Nuestra Historia"} Visitada el lunes de agosto 17 de 2015 en *http://www.littlefalls.co.za/our-history*.

38. Por ejemplo, los grupos intergeneracionales en el Centro Cristiano Little Falls siguen estas reglas, las cuales están incluidas en el memo de los niños:

- Seremos considerados al no gritar ni correr dentro de la casa porque sabemos algunos adultos son sensibles a los ruidos fuertes.
- Durante el tiempo de la adoración, no distraeremos a otros, sino que participaremos en la adoración.
- A menos que tengamos autorización, no hablaremos sobre nuestros padres ni familiares con el resto del grupo.
- Recordaremos que Dios quiere que obedezcamos al líder de la célula y a nuestros padres.
- Obedeceremos las reglas del hogar dadas por el anfitrión.
- Trabajaremos juntos con niños de todas las edades, y no pelearemos unos con otros.
- Respetaremos a la persona que dirija el Espacio para Niños esa noche.
- Seremos amables con todas las personas en la célula.
- Recordaremos respetar a los adultos y ser amables con ellos.
- Cuando se ofrezca comida, esperaremos a que los adultos coman primero.

39. Conversaciones con Robert Lay en 2015, así como correspondencia escrita a través de correo electrónico. He impartido docenas de seminarios con Robert Lay en todo Brasil, tengo una copia de algunos de los materiales de Lay para niños, y he visto iglesias que utilizan este material. Doy testimonio de que es excelente. Ralph Neighbour me ha dicho en repetidas ocasiones que él siente que es el mejor material disponible.

40. Conversaciones con Robert Lay en 2015, así como correspondencia escrita a través de correo electrónico. He hecho docenas de seminarios con

Robert Lay en todo Brasil, tengo una copia de algunos de los materiales de Lay para niños, y he visto iglesias que utilizan este material. Doy testimonio de que es excelente. Ralph Neighbour me ha dicho en repetidas ocasiones que él siente que es el mejor material disponible.

41. La Primera Iglesia Bautista de Campo Grande no cuenta la parte de los niños del grupo intergeneracional como un grupo celular adicional. Ellos, sin embargo, cuentan el número total de personas presentes en las células de adultos. Animé a la iglesia a contar los grupos intergeneracionales como grupos de células normales cuando están funcionando semanalmente. ¿Por qué? Porque realmente es un grupo celular. Un equipo de líderes (los padres dentro de la célula de adultos) están liderando el grupo y hay regularidad de reunión (semanal). Los niños están siendo discipulados, al igual que los adultos. Se ajusta a mi definición de una célula: "De 3 a 15 personas que se reúnen semanalmente fuera del edificio de la iglesia con el propósito de la evangelización, la comunión y el crecimiento espiritual con el objetivo de hacer discípulos que hacen discípulos que se traduce en la multiplicación." Todos los elementos de la célula están presentes, y creo que, si se cuenta como uno de sus grupos celulares, esto ayudaría a la iglesia a tomar a sus células intergeneracionales más en serio. Esto significa que la Primera Iglesia Bautista de Campo Grande tendría 360 grupos celulares, en lugar de 300.

42. Yo estaba en este evento y vi que, probablemente, unas 30 personas recibieron una placa/trofeo por liderar una célula durante 25 años o más. Estos líderes habían multiplicado sus células muchas veces en el proceso, pero continuaron liderando una incluso después de su multiplicación

43. Mario Vega, "Working with Children in the Cell Church" {"Trabajando con Niños en la Iglesia Celular"} entrada de blog en el Grupo Joel Comiskey en octubre 10 de 2013.

44. El equipamiento de Elim cubre:

Semana1: ¿Y Ahora Qué?

Semana 2: ¿Qué es la Iglesia?

Semana3: La Biblia Hoy

Semana4: La Autoridad de la Biblia

Semana 5: La Salvación

Semana 6: El Bautismo en Agua

Semana 7: Propósito de Vida

Semana 8: Las Tentaciones

Semana 9: El Espíritu Santo

Semana 10: El Bautismo en el Espíritu Santo

Semana 11: La Oración

Semana 12: El Plan Financiero de Dios

Semana 13: La Iglesia del Nuevo Testamento

Semana 14: Bases Bíblicas e Históricas del Modelo Celular

Semana 15: Qué es una Célula y Cómo se Multiplica

Semana 16: El Evangelismo y las Células

Semana 17: Cinco Pasos para Invitar a Personas Nuevas

Semana 18: Cualidades de los Líderes y de los Anfitriones

Semana 19: Las Reuniones de Planificación Celular

Semana 20: Metas Específicas en el Modelo Celular

Semana 21: Preparándose para una Reunión Exitosa

Semana 22: Conservando el Fruto en el Ministerio Celular

Semana 23: La Movilización de la Célula

Semana 24: Organización y Supervisión

Semana 25: Cómo Preparar a los Nuevos Líderes

Semana 26: Metas a Largo Plazo en el Modelo Celular

45. Creo que el número 250 incluye a adolescentes en las células juveniles. No estaba seguro.

46. La Iglesia la Vid tiene una conferencia cada año para promover sus grupos celulares de niños y para enseñar a otros cómo implementar las células infantiles en sus iglesias. Unos 10.000 líderes se reúnen de todo Brasil para aprender sobre el ministerio de niños. Durante esta conferencia, ellos celebran la "Fiesta de la Multiplicación" de los niños en las células en Brasil y en los países donde tienen las Iglesias la Vid.

47. Aquí hay información adicional sobre los grupos celulares de niños en la Iglesia la Vid:

- ¡Video de nuestra última Conferencia de Niños Radicales con 10.000 líderes de niños! (https://www.youtube.com/watch?v=z0J_UamwxIw)
- Video sobre las estadísticas de la Vid internacional (http://youtu.be/Myp6E_ZiXEM)
- Video sobre las estadísticas de la Vid en Brasil (http://youtu.be/jXeL1Dj7Znk)
- Video sobre lo que la Vid hace en el ministerio de niños (https://drive.google.com/file/d/0B5MNuGWf3ppXY3ZMN3hxUUEzOGc/view)
- Otro video sobre el equipamiento que los niños atraviesan en la Iglesia la Vid (https://drive.google.com/file/d/0B5MNuGWf3ppXeEp3WjFSeHFrblE/view)

48. La cuenta exacta en 2015 fue 9,790 células infantiles con 102,060 niños en las células alrededor del mundo. (8,908 células sólo en Brasil).

49. Estas estadísticas eran ciertas hasta 2015.

50. Según entendí, la iglesia cree que las mujeres tienen más influencia sobre las células sólo para niños porque no existe el mismo problema de abuso sexual.

51. Neal F. McBride, *How to Build a Small-Groups Ministry* {*Cómo Construir un Ministerio de Grupos Pequeños*} (Colorado Springs, CO: NavPress, 1995), p. 128.

52. He visto a iglesias enseñar el equipamiento de uno por uno, uno por dos o tres, equipando después de la reunión del grupo celular, equipando durante la escuela dominical, seminarios, retiros, o una combinación de todos ellos.

53. Daphne ha escrito libros más vendidos en el tema del equipamiento de generación a generación de grupos celulares intergeneracionales. Echa un vistazo a sus recursos aquí: *http://www.daphnekirk.org/*

54. El equipamiento de Daphne, junto con sus muchos otros materiales se pueden comprar aquí: *http://www.daphnekirk.org/*

55. Correo electrónico personal que me fue enviado el viernes de julio 3 de 2015.

56. Si usted está interesado en la obtención de material de Lorna Jenkins, por favor póngase en contacto con Dorcas Li en *dorcas.li@gfi-singapore.org* o *dorcasli@singnet.com.sg*. Después que la Iglesia Bautista Comunidad de Fe se convirtiera en una iglesia G-12, dejaron de usar el material de Jenkins, pero adoptaron el material de la iglesia de Cesar Castellano. Sin embargo, después de muchos años, la Iglesia Bautista Comunidad De Fe ha adquirido muchos libros de equipamiento que fueron escritos por Lorna Jenkins y exitosamente utilizados durante muchos años. Esos libros han sido reimpresos por Growing Families International, Singapore.

57. Lorna Jenkins, *Shouting in the Temple: A Radical Look at Children's Ministry* {*Dando Voces en el Templo: Una Mirada Radical al Ministerio de Niños,*} p. 223 .

58. Lorna Jenkins, *Shouting in the Temple: A Radical Look at Children's Ministry* {*Dando Voces en el Templo: Una Mirada Radical al Ministerio de Niños,*} p. 237.

59. Correo electrónico personal que me fue enviado el viernes de julio 3 de 2015.

60. Robert J. Choun y Michael S. Lawson, *The Christian Educator's Handbook on Children's Ministry* {*El Manual del Educador Cristiano del Ministerio de Niños*} (Grand Rapids, MI: Baker Books, 1998), p. 260.

61. Ivy Beckwith, *Formational Children's Ministry* {*Ministerio de Niños Formacional*} (Grand Rapids, MI: Baker Book House, 2010), p. 24.

62. Robert J. Choun y Michael S. Lawson, *The Christian Educator's Handbook on Children's Ministry* {*El Manual del Educador Cristiano del Ministerio de Niños*}, p. 261.

63. Ivy Beckwith, *Formational Children's Ministry* {*Ministerio de Niños Formacional*}, p. 35.

64. Evelyn M. R. Johnson & Bobbie Bower, *Building a Great Children's Ministry* {*Construyendo un Grandioso Ministerio de Niños*}, Lyle E. Schaller, editor (Nashville, TN: Abingdon Press, 1992), p. 21.

65. Thomas W. Attig, "Respecting Bereaved Children and Adolescents," {"Respetando a los Niños y Adolescentes Desconsolados"} *Beyond the Innocence of Childhood* {*Más Allá de la Inocencia de la Niñez*}, Volumen 3, David W. Adams y Eleanor J. Deveau, editores (Amityville, New York: Baywood Publishing Company, 1995), p. 46.

66. Dr. Paul Warren y Dr. Frank Minirth, *Things That Go Bump in The Night* {*Las Cosas que Llegan de Golpe en la Noche*} (Nashville, TN: Thomas Nelson Publishers, 1992), p. 63.

67. David Cohen y Stephen A. MacKeith, *The Development of Imagination: The Private Worlds of Childhood* {*El Desarrollo de la Imaginación: Los Mundos Secretos de la Niñez*} (New York: Routledge, 1991), p. 10.

68. Delmont Morrison, "The Child's First Ways," {"Las Primeras Maneras de los Niños"} *Organizing Early Experience* {*Organizando la Experiencia Temprana*}, Delmont Morrison, editor (Amityville, Nueva York: Baywood Publishing Company, 1988), p. 10.

69. Wes Haystead, *Teaching Your Child about God: You Can't Begin Too Soon* {*Enseñándole a su Hijo sobre Dios: No se Puede Comenzar Demasiado Temprano*} (Ventura, CA: Regal Books, 1974), p. 57.

70. R. P. Smith, *"Where Did You Go?" "Out." "What Did You Do?" "Nothing"* {*"¿Adónde Estabas?" "Afuera." "¿Qué Hiciste?" "Nada."*} (Nueva York: Norton, 1957), pp. 70-71, 97-98.

71. Diana Shmukler, "Imagination and Creativity in Childhood: The Influence of the Family," {"Imaginación y Creatividad en la Niñez: La Influencia de la Familia"} *Organizing Early Experience* {*Organizando la*

Experiencia Temprana}, Delmont Morrison, editor (Amityville, Nueva York: Baywood Publishing Company, 1988), p. 88.

Mary VanderGoot, *Helping Children Grow Healthy Emotions* {*Ayudando a que los Niños Desarrollen Emociones Sanas*} (Grand Rapids, MI: Baker Book House, 1987), p. 89.

72. Diana Shmukler, "Imagination and Creativity in Childhood: The Influence of the Family," {"Imaginación y Creatividad en la Niñez: La Influencia de la Familia"} *Organizing Early Experience* {*Organizando la Experiencia Temprana*} , Delmont Morrison, editor (Amityville, Nueva York: Baywood Publishing Company, 1988), p. 88.

73. Rebecca Nye (2011-12-07). *Children's Spirituality (What It Is and Why It Matters)* {*La Espiritualidad de los Niños (Qué es y Por Qué es Importante)*} (Ubicación en Kindle 280-282). Hymns Ancient and Modern {Himnos Antiguos y Modernos}, Ltd. Edición de Kindle.

74. Ralph Neighbour, "Avoiding Pitfalls in Children's Ministry," {"Evitando Caer en Trampas en el Ministerio de Niños"} entrada de blog en octubre 20 de 2013 en el Grupo Joel Comiskey.

75. Rebecca Nye (2011-12-07). *Children's Spirituality (What It Is and Why It Matters)* {*La Espiritualidad de los Niños (Qué es y Por Qué es Importante)*} (Ubicación en Kindle 229-240). Hymns Ancient and Modern {Himnos Antiguos y Modernos}, Ltd. Edición de Kindle.

76. Mary VanderGoot, *Helping Children Grow Healthy Emotions* {*Ayudando a que los Niños Desarrollen Emociones Sanas*} (Grand Rapids, MI: Baker Book House, 1987), p. 50.

77. Anna B. Mow, *Preparing Your Child to Love God* {*Preparando a Su Hijo para Amar a Dios*} (Grand Rapids, MI: Zondervan, 1983), p. 33.

78. Ivy Beckwith, *Formational Children's Ministry* {*Ministerio de Niños Formacional*} (Grand Rapids, MI: Baker Book House, 2010), p. 120.

79. Mike Sciarra, "Partnering with Parents" {"Asociándose con los Padres"} *Children's Ministry that Works!* {*¡Ministerio de Niños que Sí Funciona!*} (Loveland, Colorado: Group, 2002), p. 60.

80. Lawrence O. Richards, *A Theology of Children's Ministry* {*Teología del Ministerio de Niños*} (Grand Rapids, MI: Zondervan, 1983), p. 269.

81. Ibid, p. 269.

82. Vernon Anders, *Before You Teach Children* {*Antes de Enseñar a los Niños*} (Philadelphia: Lutheran Press, 1962), p. 48.

83. Ivy Beckwith, *Formational Children's Ministry* {*Ministerio de Niños Formacional*} (Grand Rapids, MI: Baker Book House, 2010), pp.18-19.

84. Mike Sciarra, "Partnering with Parents" {"Asociándose con los Padres"} *Children's Ministry that Works!* {*¡Ministerio de Niños que Sí Funciona!*} (Loveland, Colorado: Group, 2002), p. 60.

85. Michael Farris, *What a Daughter Needs from Her Dad* {*Lo que una Hija Necesita de su Padre*} (Minneapolis: Bethany House, 2004), p. 26.

86. Evelyn M. R. Johnson y Bobbie Bower, *Building a Great Children's Ministry* {*Construyendo un Grandioso Ministerio de Niños*}, Lyle E. Schaller, editor (Nashville, TN: Abingdon Press, 1992), p. 29.

87. Scottie May, Beth Posterski, Catherine Stonehouse, Linda Cannell (2005-09-15), "Children Matter: Celebrating Their Place in the Church, Family, and Community" {"Los Niños Importan: Celebrando su Lugar en la Iglesia, la Familia y la Comunidad"} (Eerdmans Publishing, Kindle edition), pp. 159-161.

88. Mike Mason, *The Practice of the Presence of People* {*La Práctica de la Presencia de las Personas*} (Colorado Springs: WaterBrook Press, 1999), p. 106.

89. La institución del matrimonio se hunde rápidamente en muchos países de todo el mundo. Aunque los Estados Unidos es un mal ejemplo de éxito del matrimonio, sirve como una advertencia: En los EE.UU., en 2015, 41% de los bebés nacieron de madres solteras. Este alto porcentaje es 2,5 veces superior a la cifra reportada en 1980 y diecinueve veces más alta que en 1940.

90. Lorna Jenkins, *Shouting in the Temple: A Radical Look at Children's Ministry* {*Dando Voces en el Templo: Una Mirada Radical al Ministerio de Niños*}, p. 94.

91. Roger Thoman, "House Church Basics Pt. 7: What About Children?" {"Fundamentos de las Iglesias en las Casas Parte 7: ¿Qué Hay de los Niños?"} Escrito en marzo 18 de 2004 y visitado el jueves de diciembre 11 de 2014 en *http://sojourner.typepad.com/house_church_blog/2004/03/house_church_ba_3.html*.

92. Everett M. Rogers, *Diffusion of Innovations* {*Difusión de Innovaciones*}, 4ta Ed. (New York: The Free Press, 1995), pp. 7-8.

93. John P. Kotter, *Leading Change* {*Liderando el Cambio*} (Boston, MA: Harvard Business Press, 2012), pp. 288.

94. El equipamiento de Daphne, junto con sus muchos otros materiales se pueden comprar aquí: *http://www.daphnekirk.org/*

95. El equipamiento de líderes celulares es una característica común en todas las iglesias celulares. Mi libro, *Leadership Explosion* {*Explosión de Liderazgo*} (Houston, TX: Publicaciones Touch, 2000) explica todo el proceso. Mi propio equipamiento consta de cinco libros, *Live* {*Vive*}, *Encounter* {*Encuentra*}, *Grow* {*Crece*}, *Share* {*Comparte*} y *Lead* {*Lidera*} y pueden ser comprados en *www.joelcomiskeygroup.com* o llamando al 1-888-511-9995.

96. John Maxwell, *Failing Forward* {*Fracasando*} (Nashville, TN: Thomas Nelson Publishers, 2007), pp. 224.

97. Henry Cloud y John Townsend, *Boundaries* {*Límites*}, (Grand Rapids, MI: Zondervan, 1992), pp. 99-100.

98. Mario Vega, "Mistakes When Working with Children's Cells" {"Errores al Trabajar con Células Infantiles"}, entrada de blog en el Grupo Joel Comiskey en octubre 24 de 2013.

99. Daphne Kirk, *Reconnecting the Generations* {*Reconectando a las Generaciones*} (Suffolk, Great Britain: Kevin Mayhew Ltd., 2001), p. 23.

100. Dr. Paul Warren y Dr. Frank Minirth, *Things That Go Bump in The Night* {*Las Cosas que Llegan de Golpe en la Noche*} (Nashville, TN: Thomas Nelson Publishers, 1992), p.152.

101. Ivy Beckwith, *Formational Children's Ministry* {*Ministerio de Niños Formacional*} (Grand Rapids, MI: Baker Book House, 2010), pp. 105-107.

102. Ralph Neighbour, "Avoiding Pitfalls in Children's Ministry," {"Evitando Caer en Trampas en el Ministerio de Niños"} entrada de blog en octubre 20 de 2013 en el Grupo Joel Comiskey.

103. Ibid.

104. Robert J. Choun y Michael S. Lawson, *The Christian Educator's Handbook on Children's Ministry* {*El Manual del Educador Cristiano del Ministerio de Niños*} (Grand Rapids, MI: Baker Books, 1998), p. 24.

105. John Gottman, *Raising an Emotionally Intelligent Child* {*Criando a un Niño Emocionalmente Inteligente*} (Nueva York, NY: Fireside, 1997), p. 55

106. Dr. Paul Warren y Dr. Frank Minirth, *Things That Go Bump in The Night* {*Las Cosas que Llegan de Golpe en la Noche*} , p. 78.

107. Martha Snyder, Ross Snyder, Ross Snyder, Jr., *The Young Child as Person* {*El Joven Niño como Persona*} (Nueva York, NY: Human Science Press, 1980), p. 101.

108. Ibid, p. 152.

109. He escrito extensamente sobre el equipamiento de toda la iglesia en mi libro *Leadership Explosion* {*Explosión de Liderazgo*}. También he escrito mi propia serie de equipamiento de cinco libros que está disponible en *www.joelcomiskeygroup.com* o 1-888-511-9995. Hay muchos artículos gratis en mi sitio web sobre el equipamiento de en: *http://www.joelcomiskeygroup.com/articles/training/cellTraining.htm*

110. Robert J. Choun y Michael S. Lawson, *The Christian Educator's Handbook on Children's Ministry* {*El Manual del Educador Cristiano del Ministerio de Niños*}, p. 187.

111. Bill Stout, "Safety and Liability in Children's Ministry," {"Seguridad y Responsabilidad en el Ministerio de Niños"} *Children's Ministry that Works!* {*¡Ministerio de Niños que Sí Funciona!*} (Loveland, Colorado: Group, 2002), p. 40.

112. Ibid, p. 41.

113. Robert J. Choun y Michael S. Lawson, *The Christian Educator's Handbook on Children's Ministry* {*El Manual del Educador Cristiano del Ministerio de Niños*}, p. 54.

114. La norma en la iglesia primitiva era tener un equipo de líderes sobre las iglesias en las casas. Pablo, por ejemplo, les dijo a los líderes de la iglesia de Éfeso que el Espíritu Santo les había hecho "obispos" del rebaño (Hechos 20:28). Al escribir a la iglesia de Filipos, Pablo saludó a la congregación y, por separado, a los "obispos" (Fil. 1: 1). Cuando escribió a Tito, Pablo dirigió el nombramiento de los ancianos, a los que también identificó con las funciones de "obispos" (Tit. 1: 5-7). Ya sea que se designen como "cuerpo de ancianos" (. 1 Tim 4:14) o simplemente como "ancianos," esta forma de liderazgo siempre era ejercida por un grupo de personas más que por un sólo individuo (Hechos 20:17; 1 Ti. 5:17; Tit. 1: 5; Santiago 5:14; 1 Pedro 5:1-4).

115. Bill Stout, p. 44.

116. Ibid, p. 41.

117. Ibid, p. 38.

118. Ibid, p. 41.

119. Luis Bush, *The 4/14 Window: Raising up a New Generation to Transform the World* {*La Ventana 4-14: Levantando a una Nueva Generación para Transformar al Mundo*} (Colorado Spring, CO: Compassion International, 2009), p. 5.

120. Wess Stafford, *Too Small to Ignore* {*Muy Pequeños para Pasarlos por Alto*} (Colorado Springs, CO, WaterBrook Press, 2005), p 212, como es citado en Luis Bush, *The 4/14 Window: Raising up a New Generation to Transform the World* {*La Ventana 4-14: Levantando a una Nueva Generación para Transformar al Mundo*} (Colorado Springs, CO: Compassion International, 2009), p. 5.

121. Si usted está interesado en la obtención de material de Lorna Jenkins, por favor póngase en contacto con Dorcas Li en *dorcas.li@gfi-singapore.org* o *dorcasli@singnet.com.sg*. Después que la Iglesia Bautista Comunidad de Fe se convirtiera en una iglesia G-12, dejaron de usar el material de Jenkins, pero adoptaron el material de la iglesia de Cesar Castellano. Sin embargo, después de muchos años, la Iglesia Bautista Comunidad De Fe ha adquirido

muchos libros de equipamiento que fueron escritos por Lorna Jenkins y exitosamente utilizados durante muchos años. Esos libros han sido reimpresos por Growing Families International, Singapore.

122. Entrevista con Olly Goldenberg por Daphne Kirk, "Encounter Retreats for Children," {"Retiros de Encuentro para Niños"} entrada de blog en agosto 26 de 2012 en el sitio web Joel Comiskey.

Recursos por Joel Comiskey

Se puede conseguir todos los libros listados de *"Joel Comiskey Group"* llamando al 1-888-511-9995 por hacer un pedido por Internet en www.joelcomiskeygroup.com

Como dirigir un grupo celular con éxito:
para que las personas quieran regresar

¿Anhela la gente regresar a vuestras reuniones de grupo cada semana? ¿Os divertís y experimentáis gozo durante vuestras reuniones? ¿Participan todos en la discusión y el ministerio? Tú puedes dirigir una buena reunión de célula, una que transforma vidas y es dinámica. La mayoría no se da cuenta que pu- ede crear un ambiente lleno del Señor porque no sabe cómo. Aquí se comparte el secreto. Esta guía te mostrará cómo:

- • Prepararte espiritualmente para escuchar a Dios durante la reunión
- • Estructurar la reunión para que fluya
- • Animar a las personas en el grupo a participar y compartir abiertamente sus vidas
- • Compartir tu vida con otros del grupo
- • Crear preguntas estimulantes
- • Escuchar eficazmente para descubrir lo que pasa en la vida de otros
- • Animar y edificar a los demás miembros del grupo
- • Abrir el grupo para recibir a los no-cristianos
- • Tomar en cuenta los detalles que crean un ambiente acogedor.

Al poner en práctica estas ideas, probabas a través del tiempo, vuestras reuniones de grupo llegarán a ser lo más importante de la semana para los miembros. Van a regresar a casa queriendo más y van a regresar cada semana trayendo a personas nuevas con ellos. 140 páginas.

La explosión de los grupos celulares en los hogares:
Cómo su grupo pequeño puede crecer y multiplicarse

Este libro cristaliza las conclusiones del autor en unas 18 áreas de investigación, basadas en un cuestionario meticuloso que dio a líderes de iglesias celulares en ocho países alrededor del mundo—lugares que él personalmente visitó para la investigación. Las notas detalladas al fin del libro ofrecen al estudiante del crecimiento de la iglesia celular una rica mina a seguir explorando. Lo atractivo de este libro es que no sólo resume los resultados de su encuesta en una forma muy convincente sino que sigue analizando, en capítulos separados, muchos de los resultados de una manera práctica. Se espera que un líder de célula en una iglesia, una persona haciendo sus prácticas o un miembro de célula, al completar la lectura de este libro fácil de leer, ponga sus prioridades/valores muy claros y listos para seguirlos. Si eres pastor o líder de un grupo pequeño, ¡deberías devorar este libro! Te animará y te dará pasos prácticos y sencillos para guiar un grupo pequeño en su vida y crecimiento dinámicos. 175 páginas.

Una cita con el Rey: *Ideas para arrancar tu vida devocional*

Con agendas llenas y largas listas de cosas por hacer, muchas veces la gente pone en espera la meta más importante de la vida: construir una relación íntima con Dios. Muchas veces los creyentes quieren seguir esta meta pero no saben como hacerlo. Se sienten frustrados o culpables cuando sus esfuerzos para tener un tiempo devocional personal parecen vacíos y sin fruto. Con un estilo amable y una manera de escribir que da ánimo, Joel Comiskey guía a los lectores sobre cómo tener una cita diaria con el Rey y convertirlo en un tiempo emocionante que tienes ganas de cumplir. Primero, con instrucciones paso-a-paso de cómo pasar tiempo con Dios e ideas prácticas para experimentarlo con más plenitud, este libro contesta la pregunta, "¿Dónde debo comenzar?". Segundo, destaca los beneficios de pasar tiempo con Dios, incluyendo el gozo, la victoria sobre el pecado y la dirección espiritual. El libro ayudará a los cristianos a hacer la conexión con los recursos de Dios en forma diaria para que, aún en medio de muchos quehaceres, puedan caminar con él en intimidad y abundancia. 175 páginas.

Recoged la cosecha: *Como el sistema de grupos pequeños puede hacer crecer su iglesia*

¿Habéis tratado de tener grupos pequeños y habéis encontrado una barrera? ¿Os habéis preguntado por qué vuestros grupos no producen el fruto prometido? ¿Estáis tratando de hacer que vuestros grupos pequeños sean más efectivos? El Dr. Joel Comiskey, pastor y especialista de iglesias celulares, estudió las iglesias celulares más exitosas del mundo para determinar por qué crecen. La clave: han adoptado principios específicos. En cambio, iglesias que no adoptan estos principios tienen problemas con sus grupos y por eso no crecen. Iglesias celulares tienen éxito no porque tengan grupos pequeños sino porque los apoyan. En este libro descubriréis cómo trabajan estos sistemas. 246 páginas.

La Explosión de la Iglesia Celular: Cómo Estructurar la Iglesia en *Células Eficaces* (Editorial Clie, 2004)

Este libro se encuentra sólo en español y contiene la investigación de Joel Comiskey de ocho de las iglesias celulares más grandes del mundo, cinco de las cuales están en Latinoamérica. Detalla cómo hacer la transición de una iglesia tradicional a la estructura de una iglesia celular y muchas otras perspicacias, incluyendo cómo mantener la historia de una iglesia celular, cómo organizar vuestra iglesia para que sea una iglesia de oración, los principios más importantes de la iglesia celular, y cómo levantar un ejército de líderes celulares. 236 páginas.

Grupos de doce: *Una manera nueva de movilizar a los líderes y multiplicar los grupos en tu iglesia*

Este libro aclara la confusión del modelo de Grupos de 12. Joel estudió a profundidad la iglesia Misión Carismática Internacional de Bogotá, Colombia y otras iglesias G12 para extraer los principios sencillos que G12 tiene para ofrecer a vuestras iglesias. Este libro también contrasta el modelo G12 con el clásico 5x5 y muestra lo que podéis hacer con este nuevo modelo de ministerio. A través de la investigación en el terreno, el estudio de casos internacionales y la experiencia práctica, Joel Comiskey traza los principios del G12 que vuestra iglesia puede ocupar hoy. 182 páginas.

De doce a tres: *Cómo aplicar los principios G12 a tu iglesia*

El concepto de Grupos de 12 comenzó en Bogotá, Colombia, pero ahora se ha extendido por todo el mundo. Joel Comiskey ha pasado años investigando la estructura G12 y los principios que la sostienen. Este libro se enfoca en la aplicación de los principios en vez de la adopción del modelo entero. Traza los principios y provee una aplicación modificada que Joel llama G12.3. Esta propuesta presenta un modelo que se puede adaptar a diferentes contextos de la iglesia.

La sección final ilustra como implementar el G12.3 en diferentes tipos de iglesias, incluyendo plantaciones de iglesias, iglesias pequeñas, iglesias grandes e iglesias que ya tienen células. 178 paginas.

Explosión de liderazgo: *Multiplicando líderes de células para recoger la cosecha*

Algunos han dicho que grupos celulares son semilleros de líderes. Sin embargo, a veces, aún los mejores grupos celulares tienen escasez de líderes. Esta escasez impide el crecimiento y no se recoge mucho de la cosecha. Joel Comiskey ha descubierto por qué algunas iglesias son mejores que otras en levantar nuevos líderes celulares. Estas iglesias hacen más que orar y esperar nuevos líderes. Tienen una estrategia intencional, un plan para equipar rápidamente a cuantos nuevos líderes les sea posible. En este libro descubriréis los principios basados de estos modelos para que podáis aplicarlos. 202 páginas.

Elim: *Cómo los grupos celulares de Elim penetraron una ciudad entera para Jesús*

Este libro describe como la Iglesia Elim en San Salvador creció de un grupo pequeño a 116.000 personas en 10.000 grupos celulares. Comiskey toma los principios de Elim y los aplica a iglesias en Norteamérica y en todo el mundo.
158 páginas.

Cómo ser un excelente asesor de grupos celulares: *Perspicacia práctica para apoyar y dar mentoría a lideres de grupos celulares*

La investigación ha comprobado que el factor que más contribuye al éxito de una célula es la calidad de mentoría que se provee a los líderes de grupos celulares. Muchos sirven como entrenadores, pero no entienden plenamente qué deben hacer en este trabajo. Joel Comiskey ha identificado siete hábitos de los grandes mentores de grupos celulares. Éstos incluyen: Animando al líder del grupo celular, Cuidando de los aspectos múltiples de la vida del líder, Desarrollando el líder de célula en varios aspectos del liderazgo, Discerniendo estrategias con el líder celular para crear un plan, Desafiando el líder celular a crecer. En la sección uno, se traza las perspicacias prácticas de cómo desarrollar estos siete hábitos. La sección dos detalla cómo pulir las destrezas del mentor con instrucciones para diagnosticar los problemas de un grupo celular. Este libro te preparará para ser un buen mentor de grupos celulares, uno que asesora, apoya y guía a líderes de grupos celulares hacia un gran ministerio. 139 páginas.

Cinco libros de capacitación

Los cinco libros de capacitación son diseñados a entrenar a un creyente desde su conversión hasta poder liderar su propia célula. Cada uno de estos cinco libros contiene ocho lecciones. Cada lección tiene actividades interactivas que ayuda al creyente reflexionar sobre la lección de una manera personal y práctica.

Vive comienza el entrenamiento con las doctrinas básicas de la fe, incluyendo el baptismo y la santa cena.

Encuentro guíe un creyente a recibir libertad de hábitos pecaminosos. Puede usar este libro uno por un o en un grupo.

Crece explica cómo tener diariamente un tiempo devocional, para conocer a Cristo más íntimamente y crecer en madurez.

Comparte ofrece una visión práctica para ayudar a un creyente comunicar el evangelio con los que no son cristianos. Este libro tiene dos capítulos sobre evangelización a través de la celula.

Dirige prepare a un cristiano a facilitar una célula efectiva. Este libro será bueno para los que forman parte de un equipo de liderazgo en una célula.

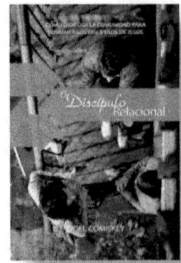

El Discípulo Relacional: Como Dios Usa La Comunidad para Formar a los Discípulos de Jesús

Jesús vivió con sus discípulos por tres años enseñándoles lecciones de vida en grupo. Luego de tres años les mandó que "fueran e hicieran lo mismo" (Mateo 28:18-20). Jesús discipuló a sus seguidores por medio de relaciones interpersonales—y espera que nosotros hagamos lo mismo. A lo largo de las Escrituras encontramos abundantes exhortaciones a servirnos unos a otros. Este libro le mostrará cómo hacerlo. La vida de aislamiento de la cultura occidental de hoy crea un deseo por vivir en comunidad y el mundo entero anhela ver discípulos relacionales en acción. Este libro alentará a los seguidores de Cristo a permitir que Dios use las relaciones naturales de la vida: familia, amigos, compañeros de trabajo, células, iglesia y misiones para moldearlos como discípulos relaciones.

El Grupo Celular Lleno del Espíritu: *Haz Que Tu Grupo Experimente Los Dones Espirituales*

El centro de atención de muchos grupos celulares hoy en día ha pasado de ser una transformación dirigida por el Espíritu a ser simplemente un estudio bíblico. Pero utilizar los dones espirituales de todos los miembros del grupo es vital para la eficacia del grupo. Con una perspectiva nacida de la experiencia de más de veinte años en el ministerio de grupos celulares, Joel Comiskey explica cómo tanto los líderes como los participantes pueden ser formados sobrenaturalmente para tratar temas de la vida real. Pon estos principios en práctica y ¡tu grupo celular nunca será el mismo!

Mitos y Verdades de la Iglesia Celular: *Principios Claves que Construyen o Destruyen un Ministerio Celular*

La mayor parte del movimiento de la iglesia celular de hoy en día es dinámico, positivo y aplicable. Como ocurre con la mayoría de los esfuerzos, los errores y las falsas suposiciones también surgen para destruir un movimiento que es en realidad sano. Algunas veces estos falsos conceptos han hecho que la iglesia se extravíe por completo. En otras ocasiones condujeron al pastor y a la iglesia por un callejón sin salida y hacia un ministerio infructuoso. Sin tener en cuenta cómo se generaron los mitos, estos tuvieron un efecto escalofriante en el ministerio de la iglesia. En este libro, Joel Comiskey aborda estos errores y suposiciones falsas, ayudando a pastores y líderes a desenredar las madejas del legalismo que se han escabullido dentro del movimiento de la iglesia celular. Joel luego dirige a los lectores a aplicar principios bíblicos probados a través del tiempo, los cuales los conducirán hacia un ministerio celular fructífero.

Fundamentos Bíblicos para la Iglesia Basada en Células: *Percepciones del Nuevo Testamento para la Iglesia del Siglo Veintiuno*

¿Por qué la iglesia celular? ¿Es porque la iglesia de David Cho es una iglesia celular y sucede que es la iglesia más grande en la historia del cristianismo? ¿Es porque la iglesia celular es la estrategia que muchas "grandes" iglesias están usando? La verdad es que la Biblia es el único fundamento sólido para cualquier cosa que hagamos. Sin un fundamento bíblico, no tenemos un fuerte apuntalamiento en el que podamos colgar nuestro ministerio y filosofía. En Fundamentos Bíblicos para la Iglesia Basada en Células, el Dr. Comiskey establece la base bíblica para el ministerio de grupos pequeños. Comiskey primero examina la comunidad dentro de la Trinidad y la estructura familiar del grupo pequeño en el Antiguo Testamento. Luego explora cómo Jesús implementó la nueva familia de Dios a través de las comunidades estrechamente unidas que encontramos en las iglesias en las casas. Comiskey luego cubre ampliamente cómo la iglesia primitiva se reunía en las casas, levantó liderazgos desde el interior y reunió a las iglesias en las casas para celebrar. El libro concluye exponiendo cómo las iglesias pueden aplicar de manera práctica los principios bíblicos encontrados en este libro.

2000 Años de Grupos Pequeños

Este libro es una crónica sobre el Grupo Pequeño o Movimiento Celular, partiendo de la época de Jesús hasta llegar a la explosión celular en los tiempos modernos. Comiskey destaca las fortalezas y debilidades de estos movimientos históricos de grupos pequeños, y aplica estos principios a la iglesia actual. Crecerás en gratitud y en entendimiento de los valores clave de las células a causa de aquellos pioneros que allanaron el camino. También aprenderás a apreciar a esos líderes que estremecieron al mundo y que se enfrentaron con mayores obstáculos que los que nos enfrentamos en la actualidad al implementar grupos pequeños. Y así como ellos encontraron soluciones en medio de la persecución y la prueba, Dios te ayudará a perseverar, a encontrar soluciones, y finalmente llevar fruto abundante para su reino y gloria.

www.ingramcontent.com/pod-product-compliance
Lightning Source LLC
LaVergne TN
LVHW020926090426
835512LV00020B/3228